D1866912

WINDSOR VERLAG
www.windsor-verlag.com

© 2016 Monica Schlatter, Nadja Reinmann und Constantin Gonzalez
Alle Rechte vorbehalten. All rights reserved.

Verlag:	Windsor Verlag
ISBN:	978-1-627845-48-9

Inhalte/Rezepte:	Monica Schlatter
	www.kochennachpaleo.ch, www.schlatternährung.ch
	Nadja Reinmann
	www.kochennachpaleo.ch, www.pt-nr.ch
	Constantin Gonzalez
	www.paleosophie.de, www.paleo-planet.de
Korrektorat:	Windsor Verlag
Fotos:	Daniela Friedli
	www.danielafriedli.ch
Titelbild:	© LeitnerR – Fotolia.com
Umschlaggestaltung:	Julia Evseeva
Layout:	Julia Evseeva

Das gesamte Buch ist urheberrechtlich geschützt. Jede Verwertung des Werks, auch auszugsweise, ist ohne Genehmigung der Urheber unzulässig. Dies gilt insbesondere auch für die Übersetzung, Speicherung und Verbreitung sämtlicher Inhalte in digitaler und analoger Form.

Monica Schlatter
Nadja Reinmann
Constantin Gonzalez

PALEO

nach Jahreszeiten

INHALTSVERZEICHNIS

PALEO-EINLEITUNG

Die Paleo-Ernährung – Gesünder, schlanker und stärker durch artgerechte Kost
Neuerdings taucht der Begriff „Paleo-Ernährung" auch in Fitness-Kreisen immer häufiger auf. Handelt es sich hierbei nur um eine Mode-Diät oder steckt auch für Sportler etwas Handfestes dahinter?

1. Der moderne Mensch — Die Krone der Evolution?

Wir leben in einem Zeitalter hoch entwickelter Technologien: Raumstationen, Antibiotika und das Internet sind nur einige Beispiele für die wissenschaftlichen und technischen Fortschritte der Spezies Mensch.

Trotzdem haben wir es immer noch nicht geschafft, einfache Dinge in den Griff zu bekommen: Warum werden Menschen weltweit immer dicker? Warum gibt es Zivilisationskrankheiten, wenn Zivilisation eigentlich Fortschritt bedeutet? Ist es wirklich unausweichlich, dass wir im Alter immer dicker, kranker und schwächer werden und unsere geistigen Fähigkeiten einbüßen?

Ist das zwangsweise eine Folge unserer modernen Gesellschaft oder gibt es etwas, das wir noch nicht genau genug erforscht haben, das wir besser verstehen müssen oder das wir schlicht übersehen haben?

2. Der artgerechte lebende Mensch: Es geht auch anders!

Historische, geographische und kulturelle Gegenbeispiele zeigen, dass es auch anders geht.

Ausgrabungen aus der Steinzeit beweisen, dass der Urmensch gesünder und kräftiger lebte, als der heutige Mensch [1]. Wenn er nicht durch Unfall oder Infektionen ums Leben kam, konnte er sogar sehr alt werden. Steinzeit-Skelette zeigen kaum Anzeichen von Degeneration, Mangelerscheinungen oder Zivilisationskrankheiten.

Auch heute lebende Jäger- und Sammlerkulturen zeigen keine Anzeichen von Zivilisationskrankheiten: Herzinfarkt, Schlaganfall, Diabetes, Krebs und Altersdemenz sind in diesen Kulturen so gut wie unbekannt. Unfälle, Infektionen oder Altersschwäche sind die häufigsten Todesursachen. Bis ins hohe Alter bleiben solche Menschen körperlich gesund, stark und geistig fit [2].

Es gibt auch Übergänge zwischen diesen Welten: Naturvölker, die mit moderner Zivilisation in Kontakt kommen, kommen nicht nur in den Genuss von modernen Technologien und medizinische Errungenschaften, sondern leiden bald auch an Übergewicht, Diabetes, Bluthochdruck, haben schlechtere Blutfett-Werte, und leiden an einem stärkeren Verfall im Alter.

Umgekehrt haben Wissenschaftler ehemalige australische Ureinwohner, die unter Diabetes litten, wieder in die Wildnis geschickt, damit sie ein paar Wochen nach alter Tradition lebten. Das Ergebnis: In kurzer Zeit verbesserten sich nahezu alle ihre Krankheits-Symptome [3].

Was genau läuft mit der menschlichen Gesundheit in der Zivilisation schief und gibt es einen Weg, die Vorteile der Zivilisation zu genießen, ohne gesundheitliche „Nebenwirkungen“?

3. Was geht schief?

Durch das Studium der Urmenschen und der heutigen Naturvölker und durch neuere Forschung, die die biochemischen und genetischen Vorgänge im menschlichen Körper immer mehr entschlüsselt, beginnen wir zu verstehen, was genau in unserer Zivilisation schief geht und woher die sogenannten Zivilisationskrankheiten kommen [4].

Dabei kommen ebenso verblüffende wie einfache Antworten zutage:

- Unsere heutige Zivilisationskost ist oft arm an Mikro-Nährstoffen und dafür reich an Füll-, Geschmacks- und Hilfsstoffen, die schädlich sein können.
- Der Urmensch hat kein Brot, keine Nudeln, kein Müsli und keine anderen Getreideprodukte gegessen. Diese Nahrungsmittel gibt es erst seit 10.000 Jahren. Heute weiß man, dass Getreidepflanzen sog. Anti-Nährstoffe enthalten, die die Pflanze vor dem Gefressen-Werden schützen sollen. Dazu erschweren sie die Aufnahme von Nährstoffen, schädigen den Darm, beeinträchtigen das Immunsystem und führen zu Suchtverhalten [5]. Ähnliches gilt auch für Hülsenfrüchte [6].

- Auch Kuhmilch war dem Urmenschen und den meisten Naturvölkern unbekannt. Sie enthält zwar viele Nährstoffe, aber auch hormonell wirksame Substanzen die beim Kalb wachstumsfördernd wirken sollen, beim Menschen aber den Stoffwechsel und den Hormon-Haushalt beeinflussen. Laktose-Intoleranz ist hier nur der Anfang: Von Akne über Hormon-Ungleichgewicht, Insulin-Resistenz (als Vorstufe von Diabetes) bis zu erhöhtem Krebsrisiko reichen die möglichen Folgen [7].
- Heute gilt laut Deutscher Gesellschaft für Ernährung (DGE) eine kohlehydratreiche und fettarme Kost als „gesund", die Ergebnisse sprechen aber dagegen: Die Menschen in den westlichen Ländern werden immer kranker und übergewichtiger. Dagegen aßen Urmenschen und Naturvölker genau umgekehrt: Dort waren und sind tierische Fette und Proteine die Haupt-Energielieferanten, während Kohlenhydrate nur eine untergeordnete Rolle spielen [8].
- Natürlich süßes Obst ist zwar gesund, aber ein Übermaß an Zucker ist es nicht: Süße Getränke, Süßigkeiten, Backwaren und andere Lebensmittel mit Zucker fördern Suchtverhalten und Überkonsum, und damit neben Übergewicht auch das Auftreten von metabolischem Syndrom und Diabetes [9], [10].
- Industrielle Pflanzenöle, sowie ein Ungleichgewicht von Omega-3- zu Omega-6-Fettsäuren aus industrieller Massentierhaltung, die auf Getreide als Grundlage für die Fütterung setzt und weit entfernt von den natürlichen Bedürfnissen der Tiere ist, belasten den Stoffwechsel und führen zu weiteren Problemen [11], [12].

4. Wie ist es dazu gekommen?

Natürlich steckt keine böse Absicht hinter dieser Entwicklung. Der Grund liegt viel tiefer in uns: In unseren Genen, die sich in Millionen von Jahren Evolution optimal an die natürliche Umgebung des Menschen angepasst haben. Daraus ist das hoch entwickelte, komplizierte aber auch empfindliche Lebewesen Mensch entstanden, das sich noch nicht an die (nach genetischen Maßstäben) rasant veränderte Umgebung der letzten 10.000 Jahre anpassen konnte.

Übermäßig starke Reize aus Zucker, Geschmacksverstärkern und Zusatzstoffen, aus der Balance geratene Verhältnisse zwischen den Makronährstoffen Proteinen, Fetten und Eiweißen, sowie Defizite bei Mikronährstoffen wie Vitaminen, Mineralien, Spurenelementen, sekundären Pflanzeninhaltsstoffen und Ballaststoffen führen dazu, dass unsere natürlichen Instinkte irregeführt werden und unser Stoffwechsel durcheinander gerät. Die Folgen sehen wir jeden Tag in den Medien, auf der Straße und in unserer unmittelbaren Umgebung: Übergewicht, Unwohlsein, Krankheit, Verfall. Doch jetzt, wo wir immer besser verstehen lernen, woher wir kommen (schließlich tragen wir immer noch die Gene

der Urmenschen in uns) und wie wir funktionieren, können wir dieses Wissen anwenden, um wieder schlanker, stärker, fitter und gesünder zu werden.
Kurz: Wir können zivilisiert bleiben und uns trotzdem artgerecht ernähren, also das Beste aus beiden Welten haben.

5. Artgerecht zivilisiert: Aufbruch in ein neues Leben

Jetzt, wo wir so viel über unsere Nahrungsmittel wissen, wie nie zuvor und mit einem besseren Verständnis darüber, wie der menschliche Stoffwechsel funktioniert, können wir unsere Ernährung grundlegend neu aufbauen:

- Getreideprodukte, Hülsenfrüchte, Milch, Zucker, pflanzliche Öle und industriell produzierte Lebensmittel wie Fast Food und Fertiggerichte (die oft zum Großteil aus diesen Zutaten bestehen) sollte man so gut es geht **vermeiden**: Sie enthalten (bis auf Milch) wenig Nährstoffe, dafür viele Stoffe, die für den Menschen problematisch oder schädlich sind.
- Fleisch, Fisch, Eier, Gemüse, Obst, Kräuter, Nüsse, Samen und Knollen, Gewürze, Kokosöl und Olivenöl dagegen sind reich an echten Nährstoffen, die dem Körper helfen, gesünder, schlanker und sportlich fitter zu werden. Diese Lebensmittel sollte man immer **bevorzugen**, und sich am besten ausschließlich davon ernähren. Dabei sollte man regional und biologisch erzeugten und von und aus artgerecht gefütterten und gehaltenen Tieren produzierten Lebensmitteln den Vorzug geben (z.B. Wild, Weiderind, Wildfische, Bio-Freilandeier).

Diese Ernährung heißt „Paleo-Ernährung“ oder „Steinzeit-Ernährung“, denn sie ist der Ernährung nachempfunden, auf die sich der Urmensch im Paläolithikum (also der Steinzeit) in über 2,5 Millionen Jahren Evolution angepasst hat.
Die Paleo-Ernährung passt zu unserem Stoffwechsel wie ein Handschuh zur Hand und hilft dem Körper, auf natürliche Weise gesund, schlank, fit und stark zu werden und dadurch Zivilisationskrankheiten zu vermeiden.

6. Wie der Paleo-Lifestyle schlank, gesund, ausgeglichen, aktiv und jung macht.

Je bekannter die Paleo-Ernährung in der Welt wird, desto mehr Menschen berichten begeistert von Erfolgen mit diesem Lebensstil: Schlanker werden ohne Hunger und ohne Jo-Jo-Effekt, mehr Energie für Sport und Arbeit, Linderung von kleinen „Zipperlein“ wie Hautproblemen, häufigen Erkältungen oder Arthrose bis zur Heilung oder Verbesserung bei lebensbedrohlichen Krankheiten wie Diabetes, Multiple Sklerose und Alzheimer [13].
Auf den ersten Blick klingen diese Erfolge wie ein Wunder. Entsprechend skeptisch fallen oft die Reaktionen darauf aus: Will uns jemand ein Wundermittel verkaufen, mit leeren

Versprechungen? In Wirklichkeit ist jedoch alles ganz einfach: Wer seinem Körper eine reiche Auswahl von Nährstoffen bietet, die möglichst gut auf den natürlichen Stoffwechsel abgestimmt sind und dabei schädliche Stoffe vermeidet, die nicht zu uns passen, schafft damit eine optimale Grundlage für den Körper, seine natürlichen Heilkräfte zu aktivieren, Altlasten und überschüssiges Körperfett abzubauen, und sein genetisches Potenzial auszuschöpfen.

7. Die Paleo-Ernährung für Sportler

Gilt das auch für Sport und Fitness? Gerade hier wird doch oft viel Wert auf eine hohe Kohlenhydrate-Zufuhr gelegt, während die Paleo-Ernährung doch eher mit weniger Kohlenhydrate auskommt. Die landläufige Meinung hier ist, dass Kohlenhydrate für den Muskelaufbau als unverzichtbar gelten, sowie für viele Athleten als „Treibstoff" für Ausdauer-Sportarten nicht mehr wegzudenken sind.

Auch hier gibt es neue Erkenntnisse: Eine Ernährung mit sehr niedrigem Kohlenhydrate-Anteil (ketogene Ernährung) hat keine negativen Auswirkungen auf die Leistung von Elite-Gymnastikern. Im Gegenteil: Durch die damit verbundene Reduzierung des Körperfett-Anteils können Sportler, die auf eine solche Ernährung setzen bei gleicher Kraft in niedrigeren Gewichtsklassen antreten und dadurch einen Vorteil gewinnen [14].

Auch bei Ausdauer-Sportarten bietet eine Ernährung mit niedrigem Kohlenhydrate-Anteil Vorteile, da der Körper dadurch lernt, Fett als Energiequelle effizienter einzusetzen. Ein 70 kg schwerer Athlet mit 10 % Körperfett-Anteil verfügt über max. 1,4 kg Kohlenhydrate, die in der Leber und in Muskeln gespeichert werden. Das entspricht etwa 5.600 kcal. Dagegen stecken in den 10 % Körperfett 63.000 kcal., also mehr als das zehnfache dieser Energie.

Es ist daher sinnvoll, seinen Körper so zu trainieren, dass er möglichst oft und möglichst lange während eines Wettkampfes Fett verbrennt und nur dann auf seine Glykogen-Reserven zugreift, wenn er daraus einen unmittelbaren Vorteil gewinnen kann (z.B. Zwischen- und Endspurts, Überholmanöver am Berg, Kampf- vs. Verfolgungs-Phasen) [15]. Dies lässt sich mit einem Fokus auf tierische Fette (und bestimmte pflanzliche Fette wie Kokosöl, Olivenöl, Macadamia-Nüsse, Avocados, etc.) erreichen, sowie mit einer Limitierung von Kohlenhydraten. Jedoch ist die Paleo-Ernährung gewiss keine Low-Carb-Ernährung: Früchte, Knollen und manche Gemüsesorten, die Bestandteil der Paleo-Ernährung sind, enthalten durchaus größere Mengen an Kohlenhydraten und es ist möglich, eine High-Carb-Paleo-Ernährung umzusetzen, wenn gewünscht.

Nur zeigt einmal mehr ein Blick auf heute lebende Jäger und Sammler, dass auch bei reichlich körperlicher Aktivität einen Fokus auf Kohlenhydrate nicht notwendig ist [8].

8. Tipps, Ausblick und Starthilfen

Die Theorie ist einfach, doch die Angebote unserer modernen Gesellschaft sind noch nicht auf unsere Urzeit-Gene abgestimmt: Fast Food, Süßigkeiten und ungesunde, wenn auch traditionell übliche Speisen locken überall. Darüber hinaus werden Familie, Freunde und Kollegen nicht immer Verständnis für eine Urzeit-Kost haben, die bisher geglaubte Ernährungs-Lehren auf den Kopf stellt.

Hier helfen ein paar praktische Tipps:

- Selber kochen macht Spaß, ist einfacher als man denkt und hilft, ein intuitives Gefühl für die Wirkung von gesunden Nahrungsmitteln zu entwickeln. Im Internet ist eine Fülle von Paleo-Rezepten zu finden, die einfach nach zu kochen sind (z.B. unter *www.kochennachpaleo.ch* und *http://blog.paleosophie.de/kategorien/rezepte/*).
- Wer im Restaurant isst, kann mit ein bisschen Übung Gerichte auf der Karte erkennen, die gut zur Paleo-Ernährung passen: Jedes Restaurant bietet eine Variante von Fleisch mit Gemüse an, die eher ungünstigen Sättigungsbeilagen kann man einfach weglassen, oder man bittet den Kellner höflich, diese durch Salat oder Gemüse zu ersetzen.
- Auch für Desserts, Kuchen und Snacks existieren einfache Varianten, die man auf Parties mitbringen oder anbieten kann, gut schmecken und frei von problematischen Zutaten sind [16].
- Schließlich sollte man aus Ernährung keinen Zwang oder gar eine Religion machen: Ein gesunder Körper verkraftet auch mal eine Ausnahme, eine ausgelassene Mahlzeit oder den einen oder anderen Fehltritt, solange die Basis stimmt.

Die Paleo-Ernährung ist eine wissenschaftlich fundierte, optimal auf den menschlichen Körper abgestimmte und vor allem genussvolle Grundlage für einen gesunden, schlanken und sportlich leistungsfähigen Körper. Sie ist aber noch nicht alles: Das Prinzip, im Einklang mit unserem genetischen Erbe zu Leben gilt auch für viele andere Themen wie Bewegung und Sport, Umwelt und Natur, Schlaf und Stress-Management, usw.

Mehr Tipps und Hintergründe dazu gibt es auf zur Zeit über 50 Blogs, die im Blog-Aggregator Paleo-Planet (*http://paleo-planet.de/*) sowie im Blog Paleosophie (*http://blog.paleosophie.de/*) zu finden sind. Je mehr wir verstehen lernen, woher der Mensch kommt und wie er „funktioniert", umso mehr kann jeder einzelne von uns das Beste aus seinem eigenen Leben machen!

KONSEQUENT BLEIBEN ODER AUSNAHMEN ZULASSEN?

Jeder, der mit einer Ernährungsumstellung konfrontiert ist, hat zunächst Schwierigkeiten, diese umzusetzen. Das ist auch bei der Paleo-Ernährung so: Aller Anfang ist schwer. Ist es besser, die Regeln streng umzusetzen, oder sollte man auch Ausnahmen zulassen? Wie geht man dann mit den Verlockungen des Alltags um? Wie mit Freunden und Bekannten, die die Paleo-Ernährung nicht kennen oder nichts damit anfangen können? Oder sollte man doch ein paar Ausnahmen zulassen? Wenn ja, welche sind dann sinnvoll und wo sollte man besonders konsequent sein?

Fünf gute Gründe, konsequent zu bleiben

Gerade wenn man mit der Paleo-Ernährung neu anfängt, gibt es gute Gründe, erst mal die neue Ernährungsform so sauber (dieses Wort gefällt uns besser als „streng“) wie möglich umzusetzen:

- Bei einer konsequenten Umstellung auf die Paleo-Ernährung stellen sich Erfolge schneller ein.
- Ausnahmen können verwirren: Getreide sollte man meiden, aber was ist mit Pseudogetreide? Milchprodukte sollte man weglassen, aber wie sieht es mit Sahne im Kaffee aus? Und zählen grüne Bohnen zu den Hülsenfrüchten oder kann man sie doch im Rahmen der Paleo-Ernährung essen? Vor allem am Anfang ist es wichtiger, auch dann konsequent zu bleiben, wenn man von akzeptablen Ausnahmen hört oder liest, um sich eine solide Grundlage zu bilden. Wenn Sie dann „Paleo-Profi“ sind, können Sie Ausnahmen besser bewerten und für sich die richtige Umsetzung der Paleo-Ernährung wählen: Paleo ist nämlich nur eine Empfehlung, die Sie für sich selbst zu Ihrer eigenen Ernährungs-Form ausbauen können.
- Jeder Zweifel, jede Ausnahmeregelung und jeder Ausrutscher kostet mentale Energie, die es Ihnen erschwert, konsequent zu bleiben oder Versuchungen zu widerstehen. Wenn Sie von vornherein konsequent sind, hat der innere Schweinehund keine Chance.

- Eine bewusste und konsequente Umstellung ist eine Reise in Ihr Inneres: Ihre Träume, Wünsche und Ziele. Je mehr Sie sich darauf konzentrieren und dabei konsequent bleiben, desto schneller kommen Sie zum Erfolg. Je schneller Sie erfolgreich sind, desto motivierter packen Sie Ihre nächsten Ziele an. Das gilt nicht nur für das Thema Ernährung.
- Erfahrungsgemäß stellen sich die ersten Erfolge mit der Paleo-Ernährung schon nach 5 bis 7 Tagen ein, nach 30 Tagen sind bereits wesentliche Verbesserungen bei Wohlbefinden, Krankheits-Symptomen, sportlicher Leistungsfähigkeit und Gewicht sehr gut möglich. In diesen ersten Tagen ist eine saubere Umsetzung der Paleo-Ernährung besonders wichtig, weil die Stoffwechsel-Vorgänge im Körper noch aufgrund von konventionellen Lebensmitteln beeinträchtigt sind.

Stellen Sie sich einfach vor, Sie müssten eine Pollenallergie auskurieren. Wenn Sie dazu neun von zehn Topfpflanzen eliminieren, bleibt immer noch eine zu viel übrig. So ähnlich ist das auch mit vielen Anti-Nährstoffen in der Ernährung: Bringen Sie erst mal Ihren Stoffwechsel in Ordnung, dann ist Ihr Körper in Zukunft robuster gegenüber der einen oder anderen Ausnahme.

5 Gründe, Ausnahmen zuzulassen

Trotzdem gibt es auch gute Gründe für Ausnahmen:

- Manche moderne Lebensmittel haben ihre Vorteile, auch wenn es sie zur Urzeit noch nicht gegeben hat. Je nach Veranlagung und Zubereitungsart gehören dazu Kartoffeln, Süßkartoffeln, Butter, Sahne, einige Käsesorten, Pseudogetreide wie Quinoa und Amaranth, Stevia, usw. Wer weiß, was er isst und warum kann damit seinen Speiseplan bereichern und sich dabei trotzdem wohl fühlen und gesund bleiben.
- Manchmal kann man der Versuchung ein Schnippchen schlagen in dem man ihr gezielt nachgibt. Manche empfehlen daher einen „Ausnahmetag“ pro Woche einzulegen. Allerdings haben wir die Erfahrung gemacht, dass solche Ausnahmen schnell an Reiz verlieren und man dann doch lieber konsequent bleibt.
- Im heutigen Alltag ist es nicht immer einfach, konsequent zu bleiben: Unterwegs auf Reisen, in der Kantine oder bei Einladungen bei Bekannten ist es nicht immer einfach, etwas zu finden, was zur Paleo-Ernährung passt.
- Nicht immer spielt die Umgebung mit: Freunde, Bekannte, Verwandte oder Kollegen haben nicht immer Verständnis für die eigene Ernährungs-Wahl. Sollte man daher Ausnahmen zulassen?

- Schließlich: Ist es das wert, sich so viel Stress um die Ernährung zu machen? Gehört nicht auch ein gutes Stress-Management, bei dem man die Dinge nicht allzu ernst nimmt zu einem gesunden Lebensstil?

Ausnahmen: Ja, aber richtig

Wir finden, dass beide Seiten recht haben, Sie aber Ausnahmen nur dann machen sollten, wenn Sie gute Gründe haben und für sich einen Vorteil daraus schöpfen können:

- Nach einer 30-tägigen Start-Phase mit der Paleo-Ernährung, in der Sie möglichst konsequent sind, ist es sicher eine gute Idee, Experimente zu machen: Was ist, wenn Sie wieder ein Brötchen essen? Wie fühlt sich das im Bauch an? Wie reagiert Ihr Körper auf ein Stück Käse? Oder Butter? Der Vorteil Ihrer 30-tägigen Konsequenz liegt nämlich jetzt darin, dass Ihr Körper gelernt hat, wie sich echte Nahrungsmittel anfühlen, die frei von Anti-Nährstoffen sind und Ihren Körper optimal versorgen. Nach diesem „Training" kann Ihr Körper Ihnen eine direkte Rückmeldung geben, welche Nahrungsmittel gut für Sie sind und welche weniger. Viele machen dabei die Erfahrung, dass ehemalige Lieblings-Gerichte nach einer Umstellung auf die Paleo-Ernährung ihren Reiz verloren haben.
- Die Paleo-Ernährung ist kein starres Regelwerk, sondern soll Ihnen helfen, die Nahrungsmittel zu finden, die optimal zu Ihnen passen und ihren Körper natürlich unterstützen. Wir vermeiden daher die Worte „verboten", „dürfen", „erlaubt", usw., denn wir finden, dass Sie Ihre eigenen Entscheidungen treffen sollten. Wenn Sie nach einer 30-tägigen Umstellung wieder Lust auf Omas Blechkuchen haben und aus eigenem Willen zugreifen, ist das völlig in Ordnung.
- Auf der anderen Seite ist es sicher verkehrt, eine Ausnahme zuzulassen, um damit sozialem Druck nachzugeben. Wenn Sie z.B. aufgrund Ihrer Erfahrungen mit der Paleo-Ernährung für sich beschlossen haben, dass Sie künftig Weizenprodukte meiden möchten, dann sollten Sie sich keine abfälligen Bemerkungen gefallen lassen, wenn Sie beim Pizza-Essen mit Arbeitskollegen nur einen Salatteller bestellen.

Fazit: Natürlich sind Ausnahmen erlaubt, denn es geht hier um Ihre Ernährung und nicht um ein starres Konstrukt aus einem Buch. Treffen Sie Ihre eigenen Entscheidungen, lassen Sie sich dabei von dem leiten, was Sie über Ernährung lernen können und was Ihr Körper Ihnen sagt. Aber legen Sie dafür die richtige Grundlage, indem Sie zumindest am Anfang 30 Tage lang Ihren Stoffwechsel zurücksetzen. Wie bei einem Computer ist es ab und zu eine gute Idee, ihn mal gründlich neu zu starten.

HIGH-CARB, LOW-CARB, NO-CARB WELCHES IST DIE RICHTIGE KOHLENHYDRATMENGE?

Paleo orientiert sich an der Ernährung der Jäger und Sammler, sowohl in der Urzeit als auch der „modernen" Jäger und Sammler. Sie schreibt nicht wirklich vor, wie viele Kohlenhydrate, Proteine oder Fette man konsumieren soll, denn diese Verhältnisse pendeln sich in der Regel auf natürliche Weise ein (wenn man den gesunden Menschenverstand walten lässt) und werden bei gesunden Menschen natürlich über das Hungergefühl geregelt. Daraus ergibt sich eine **flexible Spanne zwischen 22 % und 40 % der Gesamt-Kalorien als Kohlenhydrate.**

Die Paleo-Ernährung ist daher **keine explizite Low-Carb-Ernährung**: Wer will, der isst einfach ein paar mehr Früchte, Wurzeln und Knollen. In der Regel pendelt sich aber eine natürliche Menge an Kohlenhydraten ein. Und auch Low-Carb ist mit der Paleo-Ernährung problemlos machbar, und ergibt sich häufig von selbst.

Wer dennoch eine Zahl zur Orientierung haben will, kann sich an den Beobachtungen aus der Natur orientieren: **Alles zwischen 130 g und 237 g pro Tag (bzw. 22 % und 40 % der Kalorien) ist für den menschlichen Körper normal**. Und auch wer weniger als diese Menge isst, liegt nicht verkehrt, weil der Körper seinen Bedarf einfach selber nachregeln kann.

Wer also eine Ausnahme machen möchte und nach einer sinnvollen Quelle für „Safe Starch" sucht, für den eignen sich Reis-Produkte oder heimische Kartoffeln eher besser als die exotischen aber ohne Mehrwert daher kommenden Maniok/Cassava/Tapioka-Produkte oder auch Pfeilwurzelmehl, etc. Das ist günstiger, einfacher zu bekommen, transparenter und erfüllt den gleichen Zweck.

In der Praxis haben sich folgende Faustregeln pro Mahlzeit und Portion bewährt:

- 1-2 Handvoll Proteine: Alles was in 1 Hand (normale Mahlzeit) oder 2 Hände (z.B. nach dem Training, bei viel Hunger) passt. Z.B.: 1 Hühnerbrust, 150g Hackfleisch, 2 bis 3 Eier, 1 Steak, 1 Lachsfilet, etc.
- Den Rest des Tellers mit Gemüse auffüllen und dabei 2 bis 3 Sorten mischen.
- Großzügig gesunde Fette verwenden, z.B.: Kokos-Produkte, Olivenöl, Butter, Schmalz, Avocados.

Mit der Zeit sollte sich von alleine ein natürliches Hunger- und Sättigungs-Gefühl sowie ein Gefühl für die richtigen Mengen ergeben.
Drei Mahlzeiten am Tag sind genug und helfen dem Körper, einen guten Rhythmus zwischen Nahrungsaufnahme, Verdauung und Pause zu finden. Snacks sollten die Ausnahme bleiben. Viele Menschen finden auch, dass zwei Mahlzeiten problemlos ausreichen können.

INTERMITTIERENDES FASTEN

In vielen Kulturen ist das Fasten ein fester Bestandteil. Dabei werden dem Verzicht auf Nahrung viele Vorteile nachgesagt: Krankheiten sollen sich verbessern, der Geist soll klarer werden, zu mehr Harmonie finden und die Lebenserwartung soll sich durch Fasten verbessern.

Für diese Vorteile haben Wissenschaftler konkrete Belege in biologischen und biochemischen Mechanismen des Menschen gefunden:

- Bei längerfristigem Nahrungs-Entzug (> 12 bis 18 Stunden) sinkt der Blutzuckerspiegel und der Körper fängt an, als Übergangslösung seine Blutzuckerversorgung über den Abbau von Eiweiß selber zu übernehmen (Gluconeogenese).
- Gleichzeitig stellen die meisten Körperzellen ihren Metabolismus stärker auf Fettverbrennung um, so dass der Körper mit weniger Blutzucker auskommt und statt dessen körpereigenes Fett verbrennt.
- Das Gehirn, das angeblich auf Blutzucker (aus Kohlenhydraten) angewiesen ist, stellt seine Energieversorgung um: Dabei produziert die Leber aus Fett-Molekülen sogenannte Ketonkörper. Diese können (anders als Fettmoleküle) die Blut/Hirnschranke passieren und von Gehirnzellen als Energieträger verwertet werden.
- Wer will, kann die Produktion von Ketonkörpern während der Fastenzeit durch die Einnahme von Kokosöl unterstützen. Dieses enthält einen hohen Anteil mittelkettiger Fettsäuren (MCTs), die vom Körper direkt in Ketonkörper umgewandelt werden.
- Viele Menschen berichten, beim Fasten einen klareren Kopf zu haben und ihre Gedanken stärker fokussieren zu können. Dies lässt sich dadurch erklären, dass Ketonkörper eine zuverlässigere (weil weniger stark schwankende) Energiequelle sind. Kein Wunder, dass das Fasten auch in der Religion eine große Bedeutung hat.
- Auch das Herz und die Skelettmuskulatur können Ketonkörper für ihre Energieversorgung verwenden und fahren dabei schonender und energieeffizienter.
- Angeregt durch diesen Zustand werden verschiedene „Aufräumprogramme“ im Körper gestartet, die kranke oder beschädigte Zellorganellen oder Körperzellen abbauen und eventuell eingenistete Krankheitserreger beseitigen.

Das Fasten hat einen ganz natürlichen Hintergrund: In der Urzeit war der Mensch als Jäger und Sammler darauf angewiesen, täglich seine Nahrung aufs Neue zu beschaffen. Eine erfolgreiche Jagd oder das Auffinden eines reichen Vorkommens an Früchten und Gemüsen sowie üppige Jahreszeiten wechselten sich ab mit schwierigeren Perioden, die durch Jagdpech, karge Vegetation oder schwierige Jahreszeiten geprägt waren. An diesen Wechsel hat sich der Mensch in der Evolution angepasst und das Beste daraus gemacht: In guten Zeiten speichert er Vorräte, die er in schlechten Zeiten wieder aufbraucht. Dabei übernimmt die nahrungsarme Phase auch eine reinigende Rolle.

In der heutigen Zivilisation kommen wir in der Regel kaum noch dazu, unsere Programme für Mangel-Phasen zu nutzen und verlieren dadurch auch ihre positiven Seiten. Grund genug, ab und zu mal absichtlich eine Phase schlechten Jagdglücks einzuführen, um wichtige Fasten-Programme aus der Urzeit wiederzubeleben.

Die Vorteile des Fastens kann man auch ohne längere Verzichts-Periode erreichen: Statt eine Woche oder länger zu fasten kann man jeden Tag quasi „ein bisschen fasten": Dazu reicht es aus, pro Tag für 16 Stunden am Stück nichts zu essen. Oder man isst 5 Tage in der Woche normal und setzt dann 2 Tage aus. Nach einigem Training reicht diese Methode aus, um die oben genannten Stoffwechselprozesse auszulösen, ohne gleich „richtig" fasten zu müssen.

Die einfachste Variante ist das sogenannte 8/16-Fasten: Dabei legt man alle Mahlzeiten des Tages auf ein Zeitfenster von 8 Stunden und isst die restlichen 16 Stunden am Tag nichts mehr (bzw. trinkt nur Wasser). Das kann z.B. so aussehen, dass man morgens das Frühstück ausfallen lässt, so dass die erste Mahlzeit am Tag auf 12:00 Uhr fällt. Das Abendessen legt man dann auf 19:00 Uhr und isst zwischen 20:00 Uhr abends bis zum nächsten Mittag nichts mehr. Will man nicht auf das Frühstück verzichten, kann man genauso einfach das Abendessen weglassen: 6:00 Uhr Frühstück und 13:00-14:00 Uhr Mittagessen ergeben ebenfalls ein Zeitfenster von 8 Stunden.

DAS KOCHBUCH

Dieses Buch richtet sich an Menschen, welche sich gemäß Paleo ernähren möchten. Die Paleo-Ernährung ist abwechslungsreich, versorgt den Körper mit allen wichtigen Nährstoffen und bietet eine fast unendliche Vielzahl an Zubereitungsmöglichkeiten.

Wir haben unsere Gerichte absichtlich nicht als Frühstück-, Hauptmahlzeit oder Beilage markiert, denn es spielt keine Rolle, ob Sie diese als erste Mahlzeit im Tag oder als Hauptmahlzeit zubereiten. Wenn Sie abends eine größere Menge eines leckeren Paleo-Mahls zubereiten, bleibt für das Frühstück etwas übrig. So sorgen Sie nicht nur für eine schnelle Zubereitung, sondern haben eine nette Abwechslung für den nächsten Morgen.

Die Hersteller nennen ihre Produkte „Superfood", wenn sie die gesundheitlichen Vorteile einer Pflanze hervorheben wollen. Einmal sind es Aronia-Beeren, dann Chiasamen oder dann ist wieder Kurkurma im Trend. Gibt es überhaupt ein „Superfood"? Die Antwort lautet: Jein. Es gibt kein einziges Lebensmittel, welches uns ein Leben lang ernähren und gesund halten kann. Es gibt aber eine Vielzahl von sehr guten Lebensmitteln, welche im richtigen Maße und in der richtigen Kombination dafür sorgen, dass wir schlank und gesund bleiben. Dazu gehört mit Sicherheit die Qualität der jeweiligen Lebensmittel und somit die jahreszeitlich – und wenn immer möglich regional – angepasste Ernährungsweise.

Denn: Wer auf saisonale Produkte setzt, stellt die Zufuhr geeigneter Nähr- und Vitalstoffe zur richtigen Zeit sicher, gibt dem Körper neue Impulse und sorgt zudem über das Jahr für natürliche Abwechslung im Speiseplan. Die Rotation der Lebensmittel ist übrigens auch wichtig, um Allergien gegenüber einem oder mehreren Lebensmitteln vorzubeugen. Auch das Budget und die Umwelt werden auf diese Weise geschont.

Saisonale Rezepte

Wie viele Leute wissen noch was wann wächst? Es ist spannend herauszufinden was uns die Jahreszeiten präsentieren. Enthaltsamkeit und die freudige Erwartung auf Spargel im Spätfrühling, Erdbeeren im Sommer oder Kürbis im Herbst machen diese Produkte zu einer Besonderheit und die Gerichte zu einem Höhepunkt in der heimischen Küche.

Unsere unkomplizierten und pfiffigen Alltagsgerichte – die wir alle selbst gekocht, notiert und fotografiert haben – sind nach jahreszeitlichen Themen aufgeteilt.

Die Hauptzutaten beziehen sich auf das im jeweiligen Quartal aktuell reife Obst und Gemüse. Die Zeitangaben können sich wetterbedingt um einige Wochen verschieben. Nicht immer ist heimisches Obst und Gemüse erhältlich, gewisse Sorten wachsen in unseren Breitengraden nicht. Süßkartoffeln, Bananen, Orangen und viele andere Naturprodukte führen nicht nur zu einer Bereicherung unserer Speisen, sondern enthalten auch viele Nährstoffe. Aus diesem Grund haben wir auf deren Einsatz nicht verzichtet, auch wenn es manchmal verwegen klingt, Waren aus anderen Ländern zu importieren. Aber auch über den Winter gelagertes heimisches Obst und Gemüse verbraucht viel Energie.

In unseren Rezepten verwenden wir natürliche Lebensmittel – nach Möglichkeit aus biologischer Produktion. Wir haben zudem Zutaten gewählt, die sich einfach finden lassen: im Handel, auf dem Wochenmarkt oder Biohof, bei Ihrem Dorfmetzger, im Reformhaus oder besser noch aus dem wilden Garten der Natur: Das sind alles Superfoods!

ZUTATEN

FETTE IM ÜBERBLICK

Fett ist neben Eiweiß der allerwichtigste Baustoff für unseren Körper. Fette sind geballte Kraft, unsere konzentrierteste Energiequelle. Längst weiß man, dass die Art des Fettes, das wir zu uns nehmen, Einfluss hat auf die Zusammensetzung jeder Zelle unseres Körpers und gleichzeitig lebenswichtige Prozesse wie den Blutdruck und die Blutgerinnung beeinflusst. Fett transportiert nämlich die fettlöslichen Vitamine A, D, E und K und die essentiellen (unentbehrlichen) Fettsäuren durch die Darmwand in den Blutstrom. Erst durch Fette wird das Vitamin D und das Kalzium im Körper verfügbar und es lockt aus Karotin das Vitamin A heraus. Fett bleibt am längsten von allen Nährstoffen im Magen liegen und hat dadurch einen hohen Sättigungswert. Mit etwas Fett schmeckt das Essen erst richtig gut, denn es holt die Aromastoffe aus der Nahrung und macht den Braten knusprig und den Salat würzig. Wir stellen Ihnen die wichtigsten Fett-Quellen in der Paleo-Ernährung vor:

Kokosöl: Ein wahres Multitalent

Kokosöl und Kokosfett galten jahrelang als ungesund, da sie einen besonders hohen Anteil an gesättigten Fettsäuren besitzen (etwa 90 %). Denn angeblich sollen die vielen gesättigten Fettsäuren zu einer Erhöhung des Cholesterinspiegels führen. Heute weiß man, dass durch qualitativ hochwertiges Kokosöl nur der Gehalt des HDL-Cholesterins steigt – dabei handelt es sich um das „gute" Cholesterin, das uns beispielsweise vor Herz-Kreislauf-Erkrankungen schützt.

Seit einigen Jahren sind die gesundheitsfördernden Eigenschaften von Kokosöl bekannt und somit hat es auch in unserer Küche seinen Platz gefunden. Kokosöl ist ein besonders hoch erhitzbares Pflanzenöl, hat eine lange Haltbarkeit und verleiht heimischen und exotischen Gerichten einen wunderbaren leichten Kokosgeschmack. Daher eignet es sich für die Zubereitung nahezu aller Gerichte und ist ideal zum Backen: Überall, wo sonst Butter im Backrezept steht, kann man Kokosöl 1:1 einsetzen. Sogar im Kaffee oder Tee schmeckt

Kokosöl super: Einfach einen Teelöffel Kokosöl in den heißen Kaffee oder Tee rühren. Neben der Küche kommt es auch in der Kosmetik zum Einsatz. Hier ist Kokosöl vor allem zur Pflege der Haare beliebt. Durch die antibakterielle Wirkung kann es auch zur Herstellung von Natur-Kosmetika, wie Hautcremes, Deos oder Zahnpasta verwendet werden.

Die Inhaltsstoffe

Das Öl wird aus dem Nährgewebe der Kokosnuss (Kopra) gewonnen. Bei Raumtemperatur hat Kokosöl einen festen Aggregatzustand und eine weißliche Farbe. Es schmilzt knapp oberhalb von Zimmertemperatur. Kokosöl besteht zum größten Teil aus gesättigten Bindungen und dadurch unterscheidet es sich stark von anderen Pflanzenölen wie z.B. Olivenöl, Raps- oder Sonnenblumenöl.

Schaut man sich die Fettsäure-Zusammensetzung von Kokosöl genauer an, fallen zwei Dinge auf: Erstens, der größte Teil der Fettsäuren sind mittelkettige Fettsäuren (MCTs) und zweitens, eine der MCTs, die Laurinsäure ist mit einem Anteil von 50 % besonders stark vertreten. Und hierin liegt auch das Geheimnis des Kokosöls begründet. Diese spezielle Zusammensetzung des Kokosöls ist direkt für seine guten Eigenschaften verantwortlich.

7 gute Gründe, Kokosöl zu konsumieren

- Dank der Laurinsäure steigert der Konsum von Kokosöl den Anteil am „guten" HDL-Cholesterin und verbessert somit die Blutfett-Werte.
- Die Laurinsäure soll ebenfalls antimikrobiell wirken und somit den Körper im Kampf gegen Bakterien sowie bestimmte Viren unterstützen. Bei Viren ist der Mechanismus der Laurinsäure besonders effektiv, denn diese löst einfach die Fettbestandteile der Hülle auf und inaktiviert dadurch den Virus. Vorsicht: Nicht zur Desinfektion offener Wunden geeignet.
- Kokosöl enthält 8 % Caprylsäure, welche ein wirksames Mittel gegen Pilzinfektionen ist.
- Kokosöl ist gut bekömmlich und leicht verdaulich. Es liefert schnelle Energie für Körper und Geist und sättigt gut.
- Kokosöl macht schlank: Die mittelkettigen Fettsäuren von Kokosöl tragen nicht zur Bildung von Fettgewebe bei, da sie während der Verdauung direkt in Energie umgewandelt werden. Diese sofortige Energiequelle wird gleich verbrannt und nicht gespeichert.
- Kokosöl ist Nervennahrung: Kokosöl wird gerne als Therapie verschiedener Hirn- und Nervenerkrankungen eingesetzt, da es eine sehr effektive, zuverlässige und schonende Energiequelle ist.
- Kokosöl ist chemisch sehr stabil und oxidiert nicht. Es lässt sich daher hoch erhitzen und ist somit ideal zum Kochen, Backen und Braten.

Die Qualität ist entscheidend
Bei Kokosöl ist es wichtig, auf die Qualität des Produktes zu achten, denn viele im Handel erhältliche Kokosöle sind industriell gehärtet. Bei diesem Prozess entstehen aus den natürlichen Fettsäuren die sogenannten Transfettsäuren, die sich schädigend auf die Gesundheit auswirken können.

Möchte man also von den gesundheitsfördernden Wirkungen profitieren, sollte man unbedingt auf ein hochwertiges Öl zurückgreifen.

Anwendungsmöglichkeiten von Kokosöl
- Haarpflege: Kokosöl soll sich besonders auf die Haare positiv auswirken, da es trockene und strapazierte Haare mit Feuchtigkeit versorgt (ideal auch für Strandurlaub). Einfach ein wenig Kokosöl in den Händen verteilen, in die Haarspitzen ein kneten und in die Kopfhaut einmassieren. Lassen Sie es einige Zeit einwirken (1 bis 2 Stunden oder auch über Nacht), bevor Sie das Haar wie gewohnt gründlich waschen. Alternativ kann wenig Öl (zuerst in den Händen verrieben) auch nach der Haarwäsche in die handtuchtrockenen Spitzen ein geknetet werden. Ist auch als Anti-Schuppen-Pflege effektiv.
- Hautpflege: Aufgrund seiner feuchtigkeitsspendenden Wirkung wird Kokosöl auch in der Hautpflege (anti-aging) eingesetzt. Es ist ein sehr effektiver Make-Up-Entferner und ideal geeignet als Gesichtscreme (auch für fettige und Mischhaut!) sowie Lippenpflege. Außerdem soll etwas Öl, das abends unterhalb der Augen einmassiert wird, Augenringe verhindern.
- Körperpflege: Sie können Kokosöl ohne jegliche Zusätze als natürliche Creme benutzen. Es eignet sich auch als Deo: Dabei Kokosöl pur oder mit Natron volumenmässig 1:1 mischen, nach Wunsch ätherische Öle hinzufügen und unter die Achseln reiben.
- Zahn- und Mundgesundheit: Das Ölziehen mit Kokosöl ist eine unkomplizierte Methode gegen Zahnfleischbluten und Mundgeruch, festigt lockere Zähne, verringert Zahnbelag, bekämpft Karies und lässt Zähne wieder weiss werden. Die Anleitung dazu finden Sie im Internet.

Die Lagerung
Kokosöl sollte nicht im Kühlschrank aufbewahrt werden, weil es recht hart und somit unpraktisch zum Dosieren wird. Wenn es in der Küche länger offen bleibt, können sich zudem auf der Oberfläche kleine Risse und Wasser bilden und das Öl wird anfällig für Keime. Ein kühler, trockener Schrank ist ausreichend. Wichtig ist, dass man immer einen sehr sauberen Löffel nimmt, um Portionen von einem bereits angebrochenen Glas zu entnehmen und dieses gleich wieder schließt.

Olivenöl

Olivenöl extra vergine ist vollgepackt mit gesundheitsfördernden Nährstoffen. Es soll die gefürchteten kleinen LDL-Cholesterin-Partikel „flaumiger" machen, die Triglyzeride (schlechte Blutfette) reduzieren und das gute Cholesterin (HDL) erhöhen. Zudem soll es auch gegen Entzündungen wirken (diese sollen für die meisten zivilisatorischen physischen und psychischen Krankheiten verantwortlich sein). Die Zellkraftwerke lieben die einfach ungesättigten und gesättigten Fettsäuren, da diese auf einfache Art und Weise absorbiert werden können und somit eine ideale Energiequelle für unseren Körper und v.a. unser Herz darstellen.

Butter, Ghee und Butterschmalz

Die Paleo-Ernährung verzichtet auf Milchprodukte, weil ihre Inhaltsstoffe für viele Menschen problematisch sein können: Die menschliche Biologie sah ursprünglich nicht vor, dass nach der Stillzeit Laktose konsumiert werden sollte. Daher ist Laktoseintoleranz eigentlich ein natürlicher Zustand, während Laktosekonsum eher unnatürlich ist.

Milch fördert die Produktion von Wachstumshormonen wie IGF-1 und von Insulin, was in der Wachstumsphase von Kälbern erwünscht ist, beim erwachsenen Menschen aber problematisch sein kann. Milch-Proteine haben die Eigenschaft, die Darmwand durchlässiger zu machen, was bei einem ausschließlich Milch verzehrenden Kalb von Vorteil ist, beim Menschen aber zu einer erhöhten Belastung durch Krankheitserregern oder Entzündungs-Erscheinungen führen kann.

Diese und andere Nachteile von Milch sind jedoch auf Milchproteine und ihren Laktosegehalt beschränkt. Milchfett dagegen ist eine sehr gesunde Fett-Quelle, weil sie zu einem großen Teil aus kurz- und mittelkettigen, ungesättigten Fettsäuren besteht, die für den Körper nicht nur eine wertvolle Energiequelle darstellen, sondern auch die wichtigen Vitamine A, D, E und K enthalten.

Aus diesem Grund sind Butter, Ghee und Butterschmalz (bei letzteren handelt es sich um geklärte, also von Eiweißresten und Wasser befreite Butter) beliebte Ausnahmen in der Paleo-Ernährung die nicht nur gesund sind, sondern auch gut schmecken.

Wichtig ist, dass Butter, Ghee bzw. Butterschmalz von Kühen stammt, die überwiegend oder besser ausschließlich mit Gras gefüttert wurden. Das Futter hat einen hohen Einfluss auf die Qualität und nur durch natürliches Gras als Futter bekommen Butter & Co. ein gesundes Verhältnis von Omega-3 zu Omega-6-Fettsäuren.

Andere hochwertige Fettquellen in der Paleo-Ernährung

- Avocado (im Sommerkapitel)
- Nüsse, Samen und Kerne (im Winterkapitel)
- Fleisch, Fisch und Eier

FLEISCH, FISCH UND EIER: GESUNDE GRUNDLAGEN

Der Mensch ist biologisch gesehen ein Allesfresser: Er weist sowohl Merkmale eines Fleischfressers auf, als auch eines Pflanzenfressers. Dies erklärt sich aus seinem evolutionären Werdegang, bei dem die Vorfahren des Menschen sich zunächst durch Aas, später durch Jagd schrittweise neue tierische Nahrungsquellen erschlossen haben. Tierische Nahrungsquellen haben dem Urmenschen einen klaren evolutionären Vorteil verschafft: Das reiche Angebot an hochwertigen Proteinen, Mikronährstoffen und Fetten (vor allem Omega-3-Fettsäuren) begünstigte die Entwicklung und Unterhaltung eines großen Gehirnes, die Zeitersparnis gegenüber dem langwierigen Sammeln und Verdauen pflanzlicher Nahrung ermöglichte mehr Zeit für die Entwicklung komplexer sozialer Systeme, Werkzeuge und Jagd-Methoden und das wiederum verbesserte die Aussichten auf einen besseren Jagderfolg: Eine Wachstumsspirale, die die Grundlage für den modernen Menschen legte.

Gelegentlich berichten Massenmedien von Studien, die den Konsum von Fleisch in Zusammenhang mit Krankheiten wie Krebs oder Diabetes bringen wollen. Bei genauerer Betrachtung entpuppen sich solche Auswertungen als statistische Korrelations-Betrachtungen, die zwei Faktoren (z.B. Fleischkonsum und Krankheit) miteinander vergleichen und dabei übersehen, dass daraus keine Kausalität abgeleitet werden kann oder die anderen Faktoren, die einen hohen Einfluss auf die Gesundheit haben ignorieren. Betrachtet man dagegen natürlich lebende Jäger und Sammler-Kulturen „in freier Wildbahn", stellt man fest, dass diese in der Regel einen höheren Anteil tierischer Nahrung haben als westliche Kulturen und dabei sehr gesund leben.

Es ist also viel sinnvoller, anzunehmen, dass tierische Nahrungsmittel, die über Jahrmillionen auf dem Speiseplan des Menschen standen eine lebenswichtige Rolle für die Gesundheit darstellen. Der Reichtum an hochwertigen Makro- und Mikronährstoffen, die nur schwer und in geringen Mengen aus pflanzlichen Quellen aufgenommen werden können (essenzielle Aminosäuren, Omega-3-Fettsäuren, Vitamine und Mineralien) sprechen auch aus ernährungswissenschaftlicher Sicht dafür.

In letzter Zeit verbreitet sich vermehrt die Sorge, dass Fisch durch Schwermetalle oder Radioaktivität belastet werden könnte. Hier sind die Mengen-Verhältnisse wichtig: Fische schützen sich gegen Schwermetalle wie z.B. Quecksilber mit Hilfe des Spurenelementes Selen. Man kann vereinfacht sagen, dass Fische Selen als Gegenmittel zum Quecksilber benutzen. Die meisten Seefische enthalten mehr als genug Selen, um Quecksilber zu neutralisieren und auch der Fakt, dass sie sich in der Wildnis bis zu einem genügend großen Fanggewicht entwickeln konnten bedeutet, dass sie trotz Belastung durch Schwermetalle gesund geblieben sind.

Auch die Angst vor Radioaktivität in Seefischen oder Wild ist unbegründet: Lebensmittel werden in Deutschland regelmäßig streng auf Radioaktivität kontrolliert und bisher sind keine nennenswert erhöhten Messwerte für Fisch oder Wild bekannt geworden. Bananen, Kartoffeln und einige Nüsse enthalten übrigens aufgrund ihres Kalium-Gehaltes einen gewissen Anteil natürlicher Radioaktivität, der die Messwerte von Fischen und Wild in der Regel bei weitem übertrifft [17].

Schließlich standen Eier lange im Verdacht, aufgrund ihres Cholesterin-Gehaltes nachteilig für die Gesundheit zu sein. Dabei wird implizit angenommen, dass Cholesterin in der Nahrung eine Auswirkung auf Cholesterin im Blut hätte. In Wirklichkeit gilt jedoch: Cholesterin ist ein lebenswichtiger Stoff, der in jeder Zellmembran vorhanden ist und dort eine lebenswichtige Rolle spielt. Er wird zu 90 % vom Körper selbst hergestellt und nur zu maximal 10 % von der Nahrung aufgenommen. Der Cholesterin-Gehalt im Blut hängt also in erster Linie von körpereigenen Regelprozessen ab und wird kaum von der Nahrung beeinflusst. Schlechte Cholesterin-Werte im Blutbild sind daher in erster Linie ein Symptom, dessen Ursache in einer Störung des Stoffwechsels zu suchen ist und haben daher keinen Zusammenhang mit dem Konsum cholesterinreicher Speisen wie z.B. Eier.

Man kann also problemlos und nach Appetit Fleisch, Fisch und Eier essen, ohne sich Sorgen um die Gesundheit zu machen. Im Gegenteil: Tierische Produkte gehören zu den wichtigsten und gesündesten Quellen von Eiweiß, Fett, Vitaminen und Mineralien überhaupt.

Natürlich spielt, wie überall auch die Qualität eine wichtige Rolle: Produkte von Tieren, die natürlich ernährt wurden (Wild, wild gefangener Fisch, Weiderinder, Freiland-Geflügel, etc.) enthalten mehr wertvolle Vitamine und ein gesünderes Fettsäure-Profil als Produkte von Tieren aus Massentierhaltung, die in der Regel mit Getreide und Soja, also unnatürlich gefüttert wurden. Bio ist hier nicht immer besser: Wildlachs ist gesünder als Bio-Lachs, da letzterer immer aus Aquakulturen stammt, bei denen die Fische in der Regel mit Getreide, also nicht artgerecht, gefüttert werden. Da hilft den Tieren auch kein

Bio-Getreide, um ein gesundes Leben zu führen. Ebenso ist Fleisch von einem Bio-Rind, das mit Bio-Soja gefüttert wurde von minderwertigerer Qualität als Fleisch von einem argentinischen Nicht-Bio-Rind, das in einer natürlichen Weidelandschaft grasen durfte.

SÜSSSTOFFE – WENIG SÜSSEN, DAFÜR RICHTIG

Dass Zucker schädlich ist, darüber sind sich die meisten Menschen einig. Auch die Wissenschaft bestätigt das regelmäßig. Je nach Zusammensetzung führt ein Übermaß von Zucker nicht nur zu Übergewicht und metabolischem Syndrom, sondern es hemmt auch das Sättigungs-Gefühl, begünstigt Suchtverhalten und spielt eine wichtige Rolle bei Erkrankungen wie Bluthochdruck, Diabetes, Gicht, Alzheimer und vorzeitiger Alterung. Auf der anderen Seite spielt der Genuss im Leben auch eine wichtige Rolle: Was nützt einem ein längeres Leben, wenn man dafür auf den Genuss leckerer Speisen verzichten muss?

Deshalb haben wir für Sie ein paar Tipps für den verantwortungsvollen Umgang mit Süßungsmitteln zusammengestellt:

- Die besten Süßungsmittel sind immer noch die natürlichen. Zwar gibt es in Handel zahlreiche Alternativen zu Zucker, die kalorienfrei sind, doch Hand aufs Herz: Möchten Sie wirklich regelmäßig einen Stoff einnehmen, der künstlich ist und über den keine langfristigen Auswirkungen am Menschen bekannt sind, dafür aber reichlich Hinweise über mögliche Nebenwirkungen mit sich bringt?
- Lieber sparsam, aber natürlich süßen, als ein mit Liebe selbst gekochtes, auf natürlichen Zutaten bestehendes Dessert mit einer chemischen Zutat zu ruinieren.
- Wenn Sie unbedingt eine Zucker-Alternative einsetzen möchten, dann scheint nach aktueller Faktenlage Stevia das Süßungsmittel mit den geringsten Bedenken zu sein. Achten Sie hier bitte auf Qualität, oft wird der Extrakt von Stevia-Blättern chemisch stark weiter verarbeitet und gestreckt, so dass vom natürlichen Kraut kaum was übrig bleibt.
- Besser ist es, sich denn Drang nach Süßem schrittweise abzugewöhnen: Wenn Sie Zucker im Kaffee oder Tee trinken, dann halbieren Sie jede Woche die Menge, bis Sie Ihr Getränk auch ohne Zucker genießen können. Sie werden dabei neue Aromen kennen lernen! Auch bei Schokolade lohnt es sich, schrittweise eine Sorte mit höherem Kakaoanteil zu wählen, bis Sie bei 85 % oder mehr angekommen sind. Achten Sie dabei auf gute Qualität (nicht selten wird schlechte Schokolade durch viel Zucker ausgeglichen) und neue Geschmackswelten werden sich Ihnen offenbaren.

- Bevor Sie zu Zucker, Honig, Kokosblütenzucker, Rohrohrzucker, oder was auch immer Ihnen der Handel als „gesunden“ Zucker anbietet zugreifen, sollten Sie wissen, dass alle diese Varianten chemisch gesehen Mischungen (oder Verbindungen) von Glucose (Traubenzucker) und Fructose (Fruchtzucker) sind. Der Unterschied liegt lediglich in den Mischungs-Verhältnissen und den aus den Rohstoffen verbleibenden Zusatzstoffen. Auch wenn diese Zutaten teilweise Vitamine, Mineralien oder andere Mikronährstoffe mitbringen: Die überwiegende Zutat ist chemisch gesehen einfach Zucker.
- Agavendicksaft wird oft als gesund bezeichnet, obwohl es ein industriell stark verarbeitetes Produkt ist und chemisch gesehen einen hohen Anteil an Fructose enthält: Das ist genau die Zutat, die für die problematischen Auswirkungen von Zucker verantwortlich ist. Lassen Sie daher lieber die Finger davon.
- Zu guter Letzt: Bevor Sie eine Speise süßen, sollten Sie sich fragen: Würde das auch ohne Zucker gut schmecken? Wenn nein, warum nicht? Soll der Zucker vielleicht etwas kaschieren? Es spricht nichts dagegen, mit einem Teelöffel Honig eine besondere Note in eine Speise zu bringen oder einem Dessert einen letzten Kick zu geben, aber ein Süßungsmittel sollte keine Hauptzutat sein.

Wir plädieren daher für einen sparsamen, dafür umso genußvolleren Umgang mit natürlichen Süßungsmitteln wie Honig, Rohrohrzucker oder Kokosblütenzucker, die die natürliche Note von Speisen abrunden sollen, ohne zu dominieren.

FRÜHLING

Wenn die Tage wieder länger, die Temperaturen milder werden und die Obst- und Gemüseauswahl größer wird, steigt die Lust nach leichter Küche mit knackigen Salaten, reinigendem Gemüse, frischem Fisch und saftigem Geflügel.

Artischocke, Bärlauch, Brokkoli, Lattich, Mangold/Krautstiel, Spargel, Spinat und frische Kräuter, Wildpflanzen aber auch die wertvollen Sprossen werden zu Hauptdarstellern auf unseren Tellern. Für alle, die es gerne fruchtig und süß mögen, ist der Rhabarber ein gern gesehener Gast in der Küche. Mit dem Frühlingsanfang endet die Saison für den Chicorée, Feldsalat, Kohl, die Rote Bete und die aromatischen Jakobsmuscheln. Nutzen Sie die Chance und genießen Sie das Wintergemüse und die fest-fleischigen, aromatischen Muscheln noch einmal. Auch Fische haben Saison. Im Mai ist die Forelle besonders delikat.

Auf den nächsten Seiten stellen wir Ihnen das wichtigste Frühlingsgemüse vor, welches in unseren Breitengraden erhältlich ist. Die Lebensmittel sollten möglichst frisch genossen werden, dann ist der Verlust an Nährstoffen, Vitaminen und Aroma am geringsten. Vor allem Licht und Wärme wirken sich negativ auf die wertvollen Substanzen aus. Müssen Sie dieses doch einmal ein paar Tage lagern, haben wir Ihnen jeweils die richtige Lagerungsform erläutert.

BITTERSTOFFE – UNTERSCHÄTZTE INHALTSSTOFFE

In dieser Jahreszeit spielen die Bitterstoffe eine große Rolle. Diese sind chemische Verbindungen, welche natürlicherweise in verschiedenen Pflanzen enthalten sind und uns seit Jahrmillionen mit einer geballten Ladung an Mikronährstoffen (Mineralien, Vitamine, Spurenelemente) und sekundären Pflanzenstoffen (Aminosäuren, Carotinoide, Polyphenole) versorgen. Seit Zucker und Salz unseren Geschmackssinn prägen und die meisten Menschen den bitteren Geschmack ablehnen, wurden die Bitterstoffe aus vielen Gemüsesorten herausgezüchtet. So sind diese gesunden Pflanzeninhaltsstoffe kaum noch Bestandteil unserer Ernährung. Schade, denn dadurch entgehen uns wertvolle Heil- und Schutzstoffe.

Bitterstoffe, Power für unsere Gesundheit

Die Hauptwirkung beginnt bereits im Mund. Dort regen sie die Sekretion von lebensnotwendigen Verdauungssäften an und stimulieren die Verdauungsorgane. Die Bitterstoffe sind auch dafür bekannt, dass sie die Sättigung fördern und Heißhungerattacken auf Süßes vermindern. Ebenfalls werden diese gegen Verstopfung, Magenbrennen, Völlegefühl und Blähungen eingesetzt. Auch gegen Frühjahrsmüdigkeit hat sich die Einnahme bewährt.

Bitterstoffreiche Lebensmittel sind z.B.:

- Gemüse: Artischocke, Brokkoli, Cima di Rapa, Rhabarber, Rosenkohl, Spinat, Zucchini
- Salate: Chicorée, Cicorino rosso (Radicchio), Endivie, Lattich, Rucola, Löwenzahn
- Früchte: Grapefruit, Orangen, Zitronen
- Kräuter und Gewürze: Basilikum, Estragon, Galgant, Ingwer, Kerbel, Koriander, Kresse, Brennnessel, Kreuzkümmel, Kurkuma, Liebstöckel, Lorbeer, Majoran, Minze, Nelken, Rosmarin, Salbei und Thymian

Ein paar Basilikum- oder Bärlauchblätter, etwas gekrauste Petersilie oder Schnittlauch eignen sich übrigens sehr gut, um einen grünen Salat aufzupeppen. Kresse oder Sprossen schmecken frisch und scharf, eignen sich wunderbar in Suppen und Salaten und auch perfekt als grüne Garnitur auf Rauchlachs. Und Brennnesseln lassen sich zu leckerem Gemüse und Chips verarbeiten.

Wussten Sie wie gesund aber unterschätzt **Löwenzahn** ist? Er wird zwar gern als lästiges Unkraut vernichtet, doch in Wirklichkeit enthält Löwenzahn viele Nährstoffe mit hochwirksamen antioxidativen, entzündungshemmenden und darmfreundlichen Eigenschaften. Roh zubereitet weisen die Blätter dieses Superkrautes ein Vielfaches an Vital- und Mineralstoffen gegenüber herkömmlichem Kopfsalat auf. Auch enthält Löwenzahn mehr Protein als Kopfsalat.

Die jungen und knackigen Blätter (vorzugsweise vor dem Blühen) stehen kostenfrei auf ungedüngten Wiesen. Ob Sie die frisch gepflückten Blätter einer Suppe oder einem Salat beimischen und dabei einen blassen Zuckerhut mit dem kräftigen Grün etwas auffrischen, oder ob Sie Löwenzahn lieber wie in Italien als eigenständigen Salat oder Gemüse zubereiten, sei Ihrem Geschmack überlassen.

ⓘ **Salat**: Ähnlich wie Rucola kann dieser mit einer Sauce aus Essig oder Zitronensaft, Olivenöl und Salz angemacht werden. Sehr gut dazu passen:

- gehackter Knoblauch (v.a. zur Essig-Olivenöl-Sauce)
- ein paar gewürfelte Tomaten oder halbierte Cherrytomaten
- gehacktes Ei und/oder ein paar ohne Fettzugabe geröstete Speckwürfelchen oder -streifen

Als **Gemüse** wird **Löwenzahn** in wenig Wasser offen blanchiert, bis er zusammenfällt (eventuell vorher die langen Stiele abnehmen). Abseihen und in Wasser etwas auspressen. In etwas Öl und ein paar geschälten, leicht zerdrückten oder halbierten Knoblauchzehen sowie etwas Salz und wenig Chilipulver unter ständigem Rühren kurz braten (sautieren).

Ebenfalls beliebt ist der Löwenzahnpesto (Blätter mit etwas Olivenöl, Knoblauch und gerösteten oder ungerösteten Pinienkernen pürieren und würzen).

2 Personen

4 Hühnerschenkel

Salz

30 Basilikumblätter

2 Knoblauchzehen

2 EL Oliven- oder Kokosöl

BASILIKUM-HÜHNERSCHENKEL GESPICKT

Vor- und Zubereitung: 10 Minuten
Backofen vorheizen: 220°C
Braten: 40 Minuten (Mitte Backofen)

1 Hühnerschenkel auf der Hautseite dreimal bis auf den Knochen einschneiden. Mit Salz würzen.

2 Basilikum klein schneiden und Knoblauch fein hacken, vermengen und in die Einschnitte füllen. Schenkel mit der Hautseite nach oben auf ein mit Backpapier ausgelegtes Blech legen und mit Öl beträufeln. Im Ofen braten.

Beilagen-Tipps

GEMISCHTER SALAT

Zerkleinerte Rucola (oder Löwenzahn), Lollo rosso, Tomaten, Avocado, gehackte gekrauste Petersilie und Schalotte. Sauce aus Essig, Olivenöl und Salz passt am besten dazu.

GRÜNER SPARGEL GEBRATEN

1 kg Spargel, grün
1 Stück Ingwer, daumengroß
1 kleines Stück Chilischote, frisch
3 EL Oliven- oder Kokosöl
1 EL Balsamico-Essig
Salz

Vor- und Zubereitung: 25 Minuten

1. Spargel sorgfältig schälen, so dass alle hölzernen Fasern entfernt sind. Die unteren Enden abschneiden. Die geschälten Stangen in etwa 3 bis 4 cm lange, schräge Stücke schneiden.
2. Ingwer schälen und in kleine Würfel schneiden. Chili entkernen (wer es nicht zu scharf mag, kann die Schote nun mit Wasser abbrausen) und fein hacken.
3. Ingwerwürfelchen im Öl kurz andünsten. Spargelstücke zugeben und unter ständigem Rühren knackig braten (etwa 5 Minuten). Chili und Balsamico untermischen und mit Salz würzen.

KRÄUTER-RINDERSCHNITZEL-SPIESSE

2 Personen

6 Rindsschnitzel, lang und sehr dünn
1 Rosmarinzweig
4 Basilikumblätter
6 Tranchen Frühstücksspeck
6 Holzspieße
Salz und Pfeffer
2 EL Butter oder 1 EL Ghee

Vor- und Zubereitung: 15 Minuten
Fleisch 30 Minuten vor dem Braten aus dem Kühlschrank nehmen

1 Fleisch auf Arbeitsfläche auslegen und etwas ausstreichen. Rosmarinnadeln und Basilikum klein schneiden, auf Fleisch verteilen.
2 Je 1 Specktranche auf Fleischschnitzel legen und mit Speck nach innen satt um die Spieße wickeln. Allenfalls mit Zahnstocher fixieren (nur nötig, wenn Schnitzel etwas dick geraten sind).
3 Fleisch-Spieße mit wenig Salz und Pfeffer würzen und in der Butter braten.

Tipp: Holzspieße vor Gebrauch 30 Minuten in kaltes Wasser einlegen. Fleisch lässt sich einfacher ablösen.

Beilagen-Tipps

ARTISCHOCKEN

Vor- und Zubereitung: 35 Minuten

Artischocken, 3 grosse oder 6 kleine
2 EL Oliven- oder Kokosöl
1 EL Petersilie, glatt
Salz
1 Knoblauchzehe

1 Äußere, harte grüne Blätter (mind. 3 bis 4 Reihen) der Artischocken entfernen, oben Spitzen großzügig abschneiden (mind. 1/3), Stiele abnehmen und schälen.
2 Artischockenköpfe mit den Stielen von allen Seiten im Öl andünsten.
3 Petersilie klein schneiden und mit 1 dl Wasser, wenig Salz und geschältem Knoblauch zugeben. Artischocken zugedeckt bei kleiner Hitze weich garen, eventuell zusätzliches Wasser beifügen (sollten immer befeuchtet sein). Knoblauch entfernen.

FELDSALAT MIT ROTE BETE

1 rohe rote Bete schälen und grob raspeln. Feldsalat mit Olivenöl, Essig und Salz würzen und geraspelte Rote Bete darüber streuen.

2 bis 3 Personen

1 Handvoll Rucola (oder Löwenzahn, glatte Petersilie)
20 Salbeiblätter
1 EL Rosmarinnadeln
Salz und Pfeffer
600 g Roastbeef
1 EL Butter oder Ghee

RUCOLA-ROASTBEEF
Für ein schnelles und zartes Niedergaren

Vor- und Zubereitung: 20 Minuten
Fleisch 2 Stunden vor dem Braten aus dem Kühlschrank nehmen
Backofen, ofenfeste Platte/Gratinform und Teller vorheizen: 100°C
Niedergaren: 20 Minuten (Mitte Ofen)

1 Für die Kräuterfüllung Rucola, Salbei und Rosmarin fein hacken. Mit wenig Salz und Pfeffer würzen.
2 Fleisch mit Küchenpapier abtupfen und mit der Spitze eines scharfen Messers auf beiden Seiten je mit 3 versetzten Einschnitten (etwa 2 cm lang und 1 cm tief) versehen. Kräutermischung in die Einschnitte füllen.
3 Fleisch in der Butter etwa 4 Minuten anbraten, Hitze reduzieren und bei mittlerer Hitze nochmals 4 Minuten braten. Mit Salz und Pfeffer würzen, in vorgeheizte Platte legen, Fleischthermometer an dickster Stelle einstecken und etwa 20 Minuten offen nieder garen (Kerntemperatur des Fleisches sollte 60°C betragen, kann bei 60°C noch mindestens 30 Minuten warm gehalten werden).

Bratenreste: In dünne Scheiben schneiden und auf Salat anrichten oder einen Roastbeef-Salat damit zubereiten. Zum Aufwärmen in den warmen Ofen schieben oder in Scheiben geschnitten in wenig Bratfett kurz anbraten.

Roastbeef-Salat aus Resten: Fein geschnittenes Roastbeef auf Teller auslegen. Halbierte oder klein geschnittene Cherrytomaten und Stangenselleriestücke darauf verteilen. Sauce aus Zitronensaft, Olivenöl, Salz und Pfeffer darüber träufeln und zum Schluss fein gehackte, hart gekochte Eier und Schnittlauchröllchen darüber streuen. Wer mag, kann etwas Rucola oder Löwenzahn unter das Roastbeef legen.

Beilagen-Tipps

CHICORÉE-AVOCADO-SALAT

2 zerkleinerte Chicorée-Stauden und 1 gewürfelte Avocado mit Essig, Olivenöl und Salz würzen.

BÄRLAUCH-SALAT SPEZIAL

1 Handvoll Bärlauchblätter und 1 kleiner grüner Salat in mundgerechte Stücke rupfen oder schneiden. 100 g Cherrytomaten halbieren. Mit einer Sauce aus Essig, Öl und Salz vermengen. Anstatt Cherrytomaten eignen sich auch 2 grob geraspelte Karotten.

2 Personen

400 g große Garnelen, roh und geschält
4 Holzspieße
2 Knoblauchzehen
6 Minzeblätter
4 EL Oliven- oder Kokosöl
Salz
40 g Mandeln, geschält
1 Zitrone

MINZE-GARNELEN-SPIESSE CAPRI

Vor- und Zubereitung: 20 Minuten

1 Garnelen kalt abbrausen. Mit Küchenpapier abtupfen. Auf Spieße stecken, dabei vorne und hinten durchstechen (lassen sich besser wenden).
2 Knoblauch und Minze fein hacken. 2 Esslöffel Öl (Kokosöl sollte etwas flüssig sein) zugeben und Garnelen-Spieße darin wenden. Mit Salz würzen und ziehen lassen.
3 Mandeln sehr fein hacken und in einen flachen Teller geben. Garnelen-Spieße aus der Marinade heben und Spieße in den gehackten Mandeln wenden.
4 In 2 Esslöffel Öl kurz braten. Anrichten. Zitronenschnitze dazu reichen.

Variation: Im vorgeheizten Ofen (220°C) etwa 5 bis 7 Minuten backen. Vorher mit wenig Öl beträufeln.

Beilagen-Tipp

BROKKOLI UND KOHL AN ZITRONENDRESSING

Vor- und Zubereitung: 20 Minuten

1 Brokkoli
1 Weißkohl (am besten Frühkohl)

Zitronendressing:
2 Knoblauchzehen
1 Zitrone, unbehandelt
2 EL Olivenöl
Salz

1 Brokkoli in Röschen teilen und Stiel schälen. Kohl vierteln, harten Strunkansatz entfernen und Kohl in feine Streifen schneiden. Gemüse offen in wenig Wasser (oder im Steamer/Dampf) knapp weich garen. Abseihen.
2 Inzwischen für das Dressing Knoblauch fein hacken, Zitronenschale abreiben (nur gelber Teil) und Saft pressen. Mit dem Olivenöl und Salz mischen und zum Gemüse geben. Vorsichtig vermengen.

RUCOLA MIT ROHEM LACHSFILET GEBEIZT

2 Personen

300 bis 400 g Lachsfilet am Stück, ohne Haut (sehr frisch)
90 g Rucola (oder Löwenzahn)

Beize:

15 g Ingwer
1 Handvoll Gartenkresse
1 TL schwarze Pfefferkörner
1 EL Olivenöl
1 Prise grobes Salz

Vor- und Zubereitung: 15 Minuten
Kühl stellen: mindestens 1 Stunde

1 Lachs kalt abbrausen. Mit Küchenpapier abtupfen.
2 Für die Beize Ingwer schälen und fein reiben. Kresse fein hacken und Pfeffer im Mörser zerstoßen. Mit Öl und Salz vermengen und Lachs auf beiden Seiten damit bestreichen. Lachs in Frischhaltefolie einpacken und zugedeckt kühl stellen (kann auch am Vortag vorbereitet werden).
3 Rucola auf Teller auslegen. Lachs in dünne Streifen schneiden und darauf anrichten.

RUCOLAPESTO UNTER JAKOBSMUSCHELN UND TOMATENSALAT

Vor- und Zubereitung: 20 Minuten

2 Personen

250 g Cherrytomaten
1 Handvoll Basilikumblätter
4 EL Olivenöl
Salz
18 Jakobsmuscheln, ausgelöst, ohne Rogen
2 EL Oliven- oder Kokosöl
Pfeffer

Rucolapesto:
90 g Rucola
1 Knoblauchzehe
6 EL Olivenöl
2 EL Essig
Salz

1. Tomaten vierteln und Basilikum grob zerzupfen. Mit 4 Esslöffel Olivenöl und Salz vermengen. Ziehen lassen.
2. Für den Pesto Rucola, Knoblauch, Olivenöl und Essig pürieren. Mit Salz abschmecken.
3. Muscheln kalt abbrausen, mit Küchenpapier abtupfen. Brat- oder Grillpfanne mit 2 Esslöffel Öl ausstreichen und erhitzen. Muscheln auf jeder Seite etwa 2 Minuten offen braten. Mit Salz und Pfeffer würzen.
4. Pesto auf Teller verteilen und Jakobsmuscheln darauf anrichten. Tomatensalat dazu reichen.

2 Personen

2 Knoblauchzehen
150 g Cherrytomaten
400 g Rindfleisch (z.B. Rinderhüfte), hauchdünn geschnitten
2 EL Oliven- oder Kokosöl
90 g Rucola
Salz und Pfeffer

RUCOLA-STRACCETTI ALLA ROMANA

Römisches Rezept, lecker und schnell zubereitet

Vor- und Zubereitung: 15 Minuten
Fleisch 30 Minuten vor dem Braten aus dem Kühlschrank nehmen

1 Knoblauch halbieren und etwas zerdrücken. Tomaten vierteln. Fleisch von Hand in längliche „Lümpli" (Italienisch: straccetti, Deutsch: Streifen) rupfen.
2 Öl etwas erhitzen, Fleischlümpli und Knoblauch kurz anbraten, Tomaten und Rucola zugeben, würzen und unter ständigem Rühren kurz braten, bis Rucola etwas zusammengefallen ist. Knoblauch entfernen und anrichten.

Variationen
Ein paar geröstete Cashewnüsse (ohne Fettzugabe) darauf verteilen. Hühner- oder Putenbrust, in ganz dünne Streifen geschnitten, anstatt Rindfleisch verwenden.

FISCHFILET-SALTIMBOCCA

2 Personen

Vor- und Zubereitung: 15 Minuten

6 Fischfilets (Flunder, Goldbutt, Rotzunge etc.)
6 Salbeiblätter
6 Tranchen Rohschinken
Salz und Pfeffer
Paprikapulver, süß
2 EL Oliven- oder Kokosöl
1 dl Brühe, mild (oder Wasser)

1 Fisch kalt abbrausen, mit Küchenpapier abtupfen. Auf Arbeitsfläche auslegen. Je ein Salbeiblatt und eine Tranche Rohschinken auf Filets legen. Mit je einem Zahnstocher befestigen. Nicht belegte Seite leicht würzen.
2 Öl in der Bratpfanne erhitzen, Fischfilets mit der belegten Seite hinein legen und Rohschinken kurz knusprig braten. Wenden. Hitze reduzieren und zweite Seite kurz fertig braten. Anrichten.
3 Brühe (oder Wasser) in Bratpfanne gießen und Fond auflösen. Flüssigkeit auf Saltimbocca gießen.

Beilagen-Tipps

„LÖWENZAHNGEMÜSE“: Seite 34.

JUNGSPINAT-SALAT MIT GRAPEFRUIT

1 Grapefruit schälen und filetieren. 150 g Jungspinat mit etwas Essig, Olivenöl und Salz würzen und anrichten. Grapefruitschnitze darauf verteilen.

ARTISCHOCKE

Das unbekannte Gemüse ist nicht nur sehr schmackhaft, sondern auch eine wirksame und vielseitige Arzneipflanze. Das mediterrane Wintergemüse ist eine Distel und im Frühling bei uns zu haben. Heimische Artischocken sind bei uns dagegen erst ab Ende August erntereif, aber nur wenn es nicht zu lange heiß und trocken bleibt.

Was wir als Artischocke essen, ist nur die Blütenknospe der etwa hüfthoch wachsenden Pflanze. Die äußeren, harten grünen Blätter (mind. 3 bis 4 Reihen) sollten entfernt und die Spitzen großzügig abgeschnitten (mind. 1/3) werden. Die Stiele kann man ebenfalls essen. Wenn Sie große Knospen verwenden, ist es am einfachsten, wenn Sie die gerüsteten Köpfe und abgeschnittenen, geschälten, Stiele in kochendem Salzwasser mit etwas Zitronensaft geben und zugedeckt weich garen oder im Dampftopf zubereiten.

Leckere Vinaigrette für Artischockenköpfe: 1 Schalotte und 1 Knoblauchzehe fein hacken, in 1 Esslöffel Öl andünsten und in Schüssel auskühlen. 1 Esslöffel glatte Petersilie fein hacken und zugeben. Mit 4 Esslöffel Essig, 7 Esslöffel Olivenöl, Salz und Pfeffer vermengen. In Wasser gekochte Artischocken darin wenden und aufstellen. Mit der Hälfte der Vinaigrette beträufeln und zugedeckt kurz ziehen lassen. Anrichten. Restliche Vinaigrette darüber verteilen.

Am meisten Spaß macht das Artischocken Essen, wenn man die gekochten, abgezupften Blätter in einem Eier-Kräuter-Dressing (Olivenöl und Essig, gehackte Petersilie und Zwiebel, Pinienkerne und gehacktes, hart gekochtes Ei, wenig Salz und Pfeffer) oder einer selbstgemachten Mayonnaise tunken und das Fleisch mit den Zähnen abziehen kann. Boden und Herz werden ganz verspeist.

Eine Zubereitungsart für kleine, zarte Artischocken ist die folgende: Gerüstete Artischocken „auf den Kopf stellen" und in dünne Scheiben schneiden. Stiele und Scheiben in etwas Öl andünsten. Etwas glatte Petersilie klein schneiden und mit 1 dl Wasser, wenig Salz und einer geschälten Knoblauchzehe zugeben. Artischocken zugedeckt bei mittlerer Hitze weich garen, eventuell zusätzliches Wasser beifügen (sollten immer befeuchtet sein). Knoblauch entfernen.

Gekochte Artischocken muss man schnell verbrauchen, denn sie können nach zwei Tagen Gifte entwickeln!

Lagerung: Im Gemüsefach des Kühlschranks, am besten in ein feuchtes Tuch gewickelt.

ARTISCHOCKEN-OMELETTE

2 Personen

Vor- und Zubereitung: 30 Minuten

5 bis 6 zarte Artischocken, klein
2 EL Oliven- oder Kokosöl
1 Zwiebel, klein (optional)
1 EL Petersilie, glatt
Salz
4 Eier

1 Äußere, harte grüne Blätter (mind. 3 bis 4 Reihen) der Artischocken entfernen, oben Spitzen großzügig abschneiden (mind. 1/3), Stiele abnehmen und schälen. Artischocken „auf den Kopf stellen" und in dünne Scheiben schneiden. Öl in Bratpfanne (Durchmesser 28 cm) erhitzen. Stiele und Scheiben andünsten.
2 Zwiebel und Petersilie klein schneiden. 1 dl Wasser und wenig Salz beifügen. Artischockenstücke zugedeckt bei mittlerer Hitze weich garen, eventuell zusätzliches Wasser beifügen (sollten immer etwas befeuchtet sein).
3 Eier mit wenig Salz verquirlen. Sud der Artischocken ganz einkochen lassen. Eimasse zugeben. Bei starker Hitze unter ständigem Rühren kurz braten. Etwas flach drücken, Hitze reduzieren. Wenn sich die Omelette löst (mit Kochlöffel zuerst vom Pfannenrand lösen) und etwas braun gebraten ist (durch leichtes Anheben feststellen), auf einen flachen Teller oder flachen großen Deckel gleiten lassen, wenden und die zweite Seite offen braten. Dabei Pfanne mehrmals hin und her bewegen. Außen sollte die Omelette leicht gebräunt sein, aber innen noch feucht. Lauwarm servieren.

Tipps: Omelette schmeckt auch kalt mit einem Salat dazu. Geeignet zum Mitnehmen.

1 Lattichsalat, klein
1 Melone (Cantaloupe, Cavaillon, Charentais, Warzenmelone oder andere Melonensorten mit orangem Fruchtfleisch)

Sauce:
3 EL Essig
3 EL Olivenöl
Salz

Beilagen-Tipp

LATTICH-SALAT MIT MELONE

Vor- und Zubereitung: 10 Minuten

1 Salat in mundgerechte Stücke schneiden. Melone halbieren, entkernen und Fruchtfleisch mit Kugelausstecher herauslösen. Beiseite stellen.
2 Die Zutaten für die Sauce zum Salat geben und vermengen. Anrichten und mit Melonenkugeln garnieren.

Variation Salat: mit 80 g kleinen Garnelen, gekocht und geschält, dekorieren (vorher kalt abbrausen und mit Küchenpapier abtupfen). Doppelte Menge zubereiten und als Hauptspeise servieren.

BÄRLAUCH

Bärlauch-Rezepte sind typisch für den Frühling. Der intensive, knoblauchähnliche Duft des wilden Krauts strömt uns beim Waldspaziergang entgegen.

Bärlauch oder auch Knofel genannt, soll sehr wirksam zur Reinigung von Darm und Blut sein. Außerdem werden ihm auch bakterien- und entzündungshemmende Eigenschaften zugeschrieben.

Bärlauch hat einen scharfen Geschmack nach Knoblauch. Würzt intensiv! Im Gegensatz zum Knoblauch verursacht Bärlauch keinen Körpergeruch. Wenn die krautige Pflanze anfängt zu blühen, kann man die Blätter nicht mehr verwenden, da sie zäh und faserig werden. Dünne Streifen der frischen, jungen Blätter am besten am Schluss aufs Essen streuen.

Auch als Pesto (mit Olivenöl, Salz, Pfeffer, ein paar geröstete Pinienkerne/Walnüsse/Mandeln, evtl. Knoblauch pürieren) oder als Gewürz-Butter zu Fleisch oder Fisch ist Bärlauch sehr zu empfehlen. Mit etwas zusätzlichem Öl obenauf ist das Pesto in einem Einmachglas im Kühlschrank gut haltbar.

Vorsicht vor Verwechslung beim Selberpflücken: In nächster Nähe des Krautes findet man oft ähnlich aussehende Giftpflanzen. Dabei handelt es sich um Maiglöckchen und um Herbstzeitlose, die zwar erst im Herbst blühen, deren Blätter aber im Frühling schon wachsen. Das wichtigste Unterscheidungsmerkmal: Nur der Bärlauch riecht beim Verreiben der Blätter nach Knoblauch.

Lagerung: Das Saison-Kraut kann – wie die meisten Kräuter – 2 bis 3 Tage im Gemüsefach des Kühlschranks gelagert werden. Dazu angefeuchtet in einen Plastikbeutel geben, wie einen Luftballon aufblasen und gut verschließen

Die meisten Inhalts- und Geschmacksstoffe verliert das Kraut beim Trocknen. Verzichten Sie lieber auf diese Form des Haltbarmachens.

4 Personen

10 bis 20 g Bärlauchblätter
1 Zitrone, unbehandelt
100 g Butter, weich
wenig Salz und Pfeffer

BÄRLAUCH-BUTTER

passt gut zu Fisch (Seezunge), gebratenem Spargel, alle Arten von Fleisch und als Haube zu Suppen

Vor- und Zubereitung: 5 Minuten

1 Bärlauch sehr klein schneiden. Schale der Zitrone (nur gelber Teil) abreiben.
2 Mit den restlichen Zutaten vermengen (am besten mit einer Gabel). In Klarsichtfolie einwickeln und zu einer Rolle formen.
3 Im Tiefkühler fest werden lassen oder portionsweise in Eiswürfelschalen oder Mini-Gugelhopf-Formen füllen und mindestens 30 Minuten einfrieren lassen.

Tipp: Wird die Gewürz-Butter zu Fisch oder zu nieder gegartem oder dünn geschnittenem Fleisch serviert, sollte sie zuerst Raumtemperatur annehmen.

BÄRLAUCH-OMELETTE UND BÄRLAUCH-JUNGSPINAT-BEILAGE

2 Personen

100 g Bärlauchblätter
2 EL Butter oder Ghee
Salz
4 bis 5 Eier
150 g Jungspinat
wenig Pfeffer

Vor- und Zubereitung: 20 Minuten

1 4 bis 5 Bärlauchblätter klein schneiden und in 1 Esslöffel Butter (Bratpfanne Durchmesser 28 cm) kurz andünsten. Mit wenig Salz würzen.

2 Eier mit wenig Salz verquirlen. Eimasse zu Bärlauch geben. Bei starker Hitze ständig hin und her bewegen, damit sich die Eimasse verteilt. Wenn sich die Omelette löst (mit Kochlöffel zuerst vom Pfannenrand lösen) und etwas braun gebraten ist (durch leichtes Anheben feststellen), auf einen flachen Teller oder flachen großen Deckel gleiten lassen, wenden und die zweite Seite bei mittlerer Hitze braten. Dabei Pfanne ebenfalls mehrmals hin und her bewegen. Außen sollte die Omelette leicht gebräunt sein, aber innen noch feucht. Von der Wärmequelle nehmen und zudecken.

3 Restlicher Bärlauch und Jungspinat in 1 Esslöffel Butter kurz andünsten. Mit Salz und Pfeffer würzen.

Tipps: Omelette schmeckt auch kalt mit einem Salat dazu. Geeignet zum Mitnehmen.

BROKKOLI

Brokkoli ist eine mit dem Blumenkohl eng verwandte Gemüsepflanze, enthält aber im Gegensatz zu seinem Vetter ein Vielfaches an Vitaminen und Mineralien. Geerntet wird Brokkoli, sobald die mittlere Blume gut ausgebildet und noch geschlossen ist. Verwertet werden kann die Blume alleine als Blütengemüse oder komplett mit den ungeschälten kräftigen Stielen und Blättern.

Brokkoli kann man sowohl roh (z.B. mit einem Dip, Rezepte Seite 88) als auch gegart (im Steamer/Dampf oder offen in wenig siedendem Wasser) genießen. Für Brokkoli werden kurze Kochzeiten empfohlen.

Als Gewürz passen zu Brokkoli neben Salz auch frisch geriebene Muskatnuss, Knoblauch, ohne Fettzugabe geröstete Pinienkerne, Mandelsplitter oder in wenig Butter gebratene Walnüsse. Auch knusprig gebratener Rohschinken macht sich gut auf Brokkoli.

Der ebenfalls sehr gesunde Spitzkohl/Romanesco kann auf die gleiche Art gekocht werden wie Brokkoli.

Hervorragend auch als Gemüsesalat: Lauwarmes, knapp gegartes Gemüse (Brokkoli, Blumen- und/oder Spitzkohl) mit Essig, Olivenöl, wenig Salz und Pfeffer würzen, vorsichtig vermengen und kurz ziehen lassen. Schmeckt auch kalt sehr gut und eignet sich daher zum Mitnehmen.

Auch als Brokkolipesto zu Fleisch oder Fisch eine Besonderheit: Brokkoliröschen weich garen, 1 Knoblauchzehe dazu pressen, mit etwas Olivenöl pürieren oder zerdrücken und würzen.

Auch werden aus den Samen Sprossen gezüchtet, diese können roh in Salaten gegessen werden oder finden sich als Dekoration auf Speisen wieder.

Lagerung: Ins Gemüsefach des Kühlschranks legen. Wichtig: Der Brokkoli soll dunkelgrün bis bläulich aussehen. Nicht mehr verwenden, wenn die Blättchen und Röschen schon gelb sind.

SPITZKOHL/ROMANESCO UND PUTENBRUSTSCHNITZEL

Vor- und Zubereitung: 25 Minuten

2 Personen

500 g Spitzkohl
1 Schalotte
4 EL Oliven- oder Kokosöl
1,5 dl kräftige Gemüsebrühe
Salz
400 g Putenbrustschnitzel
1 Stück Ingwer, daumengroß
Pfeffer
6 EL Kokosmilch

1 Spitzkohl in Röschen teilen. Schalotte in dünne Ringe schneiden. In einer Bratpfanne in 2 Esslöffel Öl etwa 2 Minuten andünsten.
2 Brühe angießen, Hitze reduzieren und zugedeckt 10 Minuten garen. Mit Salz würzen.
3 Inzwischen Pute quer in etwa 2 cm breite Streifen scheiden und in einer separaten Bratpfanne in 2 Esslöffel Öl anbraten. Ingwer fein dazu reiben und mit Salz und Pfeffer abschmecken. Zugedeckt fertig braten.
4 Spitzkohl mit Kokosmilch vorsichtig unter die Putenstücke heben und sofort servieren.

SPARGEL

Mit dem Frühling kommt auch die beliebte, aber kurze Spargelzeit. Der absolute Liebling unter den Gemüsesorten gehört aufgrund seiner arbeitsintensiven Kultur nicht gerade zu den preisgünstigsten Gemüsearten. Seine zahlreichen gesundheitlichen Vorteile jedoch machen den Preis wieder mehr als wett.

Das Edelgemüse enthält viele Ballaststoffe, Vitamine, wertvolle Mineralstoffe und regt die Nierentätigkeit an. Das „Asparagin", eine Aminosäure, wirkt harntreibend und entgiftend, was sich auf der Toilette mit typischem Geruch bemerkbar macht. Der oder die Spargel – darüber kann man streiten. Dass sie aber als „Königin der Gemüse" gilt, ist unbestritten.

Grüner Spargel wächst oberirdisch und enthält noch mehr Vitamine und vor allem mehr Chrolophyll als sein weißer Bruder. Auch im Geschmack ist dieser etwas kräftiger und würziger.

Beim weißen Spargel sollte man alle faserigen Stücke der harten und dünnen Schale entfernen und am Ende 1 bis 2 cm abschneiden. Dem Kochwasser sollte man genug Salz und eventuell einen Spritzer Zitronensaft beigeben. Die geschälten Stangen 3 bis 5 Minuten kochen lassen, Hitze reduzieren und 10 Minuten bei kleiner Hitze zugedeckt ziehen lassen. Sie sollten noch Biss haben und beim Hochheben nicht durchhängen. Roher oder gekochter Schinken, aber auch Graved Lachs passen gut zu weißem Spargel.

Grünspargel muss nur im unteren Drittel geschält werden und hat eine kürzere Garzeit. Zitronensaft sollte beim Garen vermieden werden, denn sonst färbt sich der Spargel gräulich, was wenig appetitlich aussieht.

Wenn beide zusammen gekocht werden, sollte man den weißen Spargel vorher ins kochende Wasser geben. Wenn Sie Ihren geschälten Spargel in einem „Bett" aus Spargelschalen kochen, wird der Geschmack noch intensiver. Alternativ kann man den geschälten Spargel auch im Steamer garen.

Dazu passt eine leichte Sauce aus Essig, Olivenöl und gehackter gekrauster Petersilie, eine Vinaigrette (noch 1 klein gewürfelte Tomate und hart gekochtes Ei, fein hackte kleine Zwiebel und Kräuter dazu). Auch die klassische „Sauce Hollandaise" ist sehr beliebt, aber bitte frisch und selbstgemacht (Rezept auf Seite 59). Zu weißem Spargel passt auch einfach etwas wenig zerlassene Butter und gehackte Petersilie.

Grüne dünne Spargelspitzen oder Mini-Grünspargeln eignen sich sehr gut als schmackhafte Gemüsebeilage oder Omelette: Untere Enden abschneiden, allenfalls etwas schälen, mit einer gehackten Schalotte oder Zwiebel im Olivenöl andünsten, Salz, Pfeffer und wenig Wasser zugeben, damit sie nicht austrocknen. Zugedeckt weich garen. Wenn Sie ein paar Morcheln finden, welche typische Frühjahrspilze sind, unbedingt mit garen.

Für eine Omelette ein paar verquirlte gesalzene Eier zu den grünen Spargelstangen mischen und offen braten.

Auch in einer Tomatensauce machen sich die grünen Spargelspitzen hervorragend: Untere Enden abschneiden, allenfalls etwas schälen und in 2 bis 3 cm lange Stücke schneiden. Mit einer gehackten Schalotte oder Zwiebel im Olivenöl andünsten, passierte Tomaten zugeben, salzen und zugedeckt bei mittlerer Hitze köcheln lassen, bis die Spargelstücke gar sind. Passt gut zu Zucchini-Spaghetti (auf Seite 104) und Hackfleischfrikadellen (auf Seite 96).

Auch auf dem Grill kann grüner Spargel zubereitet werden: Spargel sorgfältig schälen, so dass alle hölzernen Fasern entfernt sind. Die unteren Enden abschneiden. 6 bis 8 Minuten grillen. Mit Salz und eventuell etwas Zitronensaft würzen.

Lagerung: Schauen Sie sich beim Einkauf die Schnittstellen an. Wenn sie sehr trocken und ausgefranst oder sogar angeschimmelt sind, lassen Sie ihn liegen.

Wie Rhabarber sollten Sie die ungeschälten Stangen in ein feuchtes Küchentuch einschlagen und ins Gemüsefach des Kühlschranks legen. Sie können aber die Stangen schon morgens schälen und in ein feuchtes Tuch bis am Abend lagern.

2 Personen

1 kg Spargel, grün
Salz
wenig Olivenöl
4 Eier
1 EL Butter oder Ghee
1 Zitrone

GRÜNER SPARGEL MIT RÜHREI

Vor- und Zubereitung: 30 Minuten

1 Wasser mit Salz in Spargelkochtopf oder großen Kochtopf aufkochen.
2 Unteres Drittel der Spargel sorgfältig schälen, so dass alle hölzernen Fasern entfernt sind. Die unteren Enden abschneiden. Stangen zugedeckt weich garen. Abseihen. Alternativ kann der Spargel auch im Steamer/Dampf gegart werden. Mit wenig Olivenöl beträufeln.
3 Inzwischen Eier mit etwas Salz verquirlen. Butter erhitzen und Eimasse unter ständigem Rühren braten. Pfanne von der Wärmequelle nehmen, bevor gewünschte Konsistenz erreicht ist, da die Eier durch die gespeicherte Hitze noch weiter garen
4 Spargel mit Rührei anrichten. Zitronenschnitze dazu reichen.

Variationen: Anstatt Rührei 2 bis 4 hart gekochte Eier schälen, halbieren, und mit etwas Olivenöl und Pfeffer würzen. Als Topping auf Spargel eignen sich ein paar ohne Bratfett gebratene Frühstückspecktranchen und/oder zerkleinerte, geröstete, Haselnüsse.

GRÜNE SPARGEL-HUHNPFANNE DOROTA

2 Personen

Vor- und Zubereitung: 35 Minuten

2 Hähnchenbrüste
2 EL Kokosöl
Salz und Pfeffer
1 kg Spargel, grün
¼ Chilischote, frisch
1,5 dl Kokosmilch
1 TL Sesam

1. Huhn in Würfel schneiden und im Kokosöl durchbraten. Mit Salz und Pfeffer würzen. Mit einer Lochkelle aus der Pfanne nehmen und Hühnerwürfel zugedeckt beiseite stellen.
2. In der Zwischenzeit unteres Drittel der Spargel sorgfältig schälen, so dass alle hölzernen Fasern entfernt sind. Die unteren Enden abschneiden und Spargelstangen dritteln. Chili entkernen und in dünne Ringe schneiden.
3. Spargelstücke im Sud andünsten. Chiliringe zugeben und alles würzen.
4. Kokosmilch angießen, aufkochen und Spargel bei mittlerer Hitze zugedeckt knapp weich garen. Hühnerwürfel und Sesam unterrühren und abschmecken.

Tipp: Doppelte Menge zubereiten und am nächsten Tag aufwärmen.

2 Personen

1 Schalotte
6 weiße Pfefferkörner
1 dl Brühe (Fleisch oder Gemüse)
½ dl Essig
3 Petersilienstiele
100 g Butter, kalt
2 Eigelb, zimmerwarm
Salz
wenig glatte Petersilie (optional)

SAUCE HOLLANDAISE: DIE SPARGEL-SAUCE

Vor- und Zubereitung: 15 Minuten

1 Schalotte grob hacken, Pfeffer im Mörser zerstoßen. Mit Brühe, Essig und Petersilienstiele aufkochen. Offen auf etwa 2 Esslöffel einkochen lassen. Reduktion in eine dünnwandige Schüssel (aus Metall) abseihen, auskühlen.

2 Inzwischen Wasser in einer hohen Bratpfanne bis etwa zur Hälfte des Randes angießen, bis knapp unter dem Siedepunkt erhitzen. Butter in etwa 2 cm große Quadrate schneiden.

3 Eigelb zur Reduktion geben und Schüssel ins Wasser rein stellen (diese sollte den Pfannenboden nicht berühren). Die Masse etwa 2 bis 3 Minuten rühren bis diese etwas heller und steifer geworden ist. Butter portionenweise zugeben und nach jeder Portion gut verrühren, dabei das Wasser die ganze Zeit im Auge behalten, so dass die Temperatur unter dem Siedepunkt bleibt (Wasser sollte sich nur leicht bewegen und es sollten kleine Blasen aufsteigen).

4 Mit wenig Salz würzen. Schüssel aus dem Wasser nehmen und Sauce kurz zu einer luftigen, cremigen Hollandaise-Sauce weiterrühren. Rest kann im Wasserbad (Bratpfanne von der Wärmequelle nehmen) noch eine Weile warm gehalten werden. Wer möchte, kann am Schluss etwas klein geschnittene Petersilie unterrühren.

Tipp: Eiweiß nicht wegwerfen. Es eignet sich sehr gut als Gesichtsmaske für großporige Haut. Eventuell mit ein paar Tropfen Zitronensaft mit einer Gabel leicht aufschlagen, auftragen und einwirken lassen. Mit klarem Wasser abspülen.

SPINAT

Nicht nur Popeye hält es ohne Spinat nicht aus, auch wir sind ganz begeistert vom grünen Frühlingsgemüse. Auch wenn das dunkelgrüne Blattgemüse nicht so viel Eisen hat, wie man immer behauptete, ist es immer noch relativ hoch.

Spinat gehört zu den einfachsten, wenn es um einen Einstieg in die Ernährung mit grünem Gemüse geht. Geschmacklich ist es milder und es lässt sich ganz einfach und schnell als Beilage zu allen proteinhaltigen Hauptspeisen zubereiten. Auch als Omelette oder in Suppen macht die Vitalstoffbombe eine gute Figur.

Der zarte Blattspinat ist nur im Frühling erhältlich und besonders mild. Dieser eignet sich sehr gut in roher Form für Salate: Mit geblätterten rohen oder gedämpften Champignons und gebratenen Lachsstücken, Leberstreifen oder Garnelen bestückt, ist es eine vollwertige Mahlzeit.

Als Gemüse für 2 Personen: 500 g Spinat waschen und tropfnass in einen Kochtopf geben und erhitzen, bis dieses zusammenfällt. Abseihen, etwas abkühlen lassen und leicht auspressen. In wenig Öl und 2 bis 3 geschälten, leicht zerdrückten Knoblauchzehen und Salz unter ständigem Rühren kurz braten (sautieren). Kann auch vorbereitet werden: Blanchiertes Gemüse im Sieb belassen und mit einem Kochtopfdeckel zudecken. Über Nacht in einem Behälter oder zwischen zwei Tellern im Kühlschrank aufbewahren. Vor Gebrauch etwas auspressen.

Alternativ gut gewaschenen rohen Spinat in etwas Butter andünsten, mit gepresstem Knoblauch und etwas Salz würzen und zugedeckt garen. Mit gerösteten Pinienkernen, Walnüssen oder Mandelsplittern bestreuen.

Omelette: blanchierter Spinat auspressen, in etwas Öl unter ständigem Rühren kurz braten (sautieren), etwas salzen, ein paar verquirlte, leicht gesalzene Eier zugeben, gut vermengen und zu einer Omelette braten.

Spinatsuppe mit Cashewpesto: Cashews in kaltem Wasser 6 bis 8 Stunden einweichen. Abgießen und mit wenig frischem Wasser pürieren. Gehackte Zwiebel in Öl andünsten. Gemüsebrühe angießen und aufkochen, eine Handvoll rohe Spinatblätter zugeben und kurz ziehen lassen. Mit wenig Muskatpulver würzen und anrichten. Cashewpesto darauf anrichten. Auch in einem Gemüseminestrone darf Spinat nicht fehlen!

Kalte Jungspinat-Apfel-Suppe: 2 entkernte Gala-Äpfel, Fruchtfleisch einer Avocado, 2 Handvoll Jungspinatblätter, 5 bis 6 Minzeblätter mit Saft einer halben Zitrone und 4 dl Wasser sehr fein mixen oder pürieren. Mit Salz abschmecken und kurz kühl stellen. Eventuell mit etwas zusätzlichem Wasser verdünnen, falls die Konsistenz zu dickflüssig sein sollte.

Lagerung: Am besten wickeln Sie den ungewaschenen Spinat locker in Zeitungspapier.

JUNGSPINAT-CHAMPIGNONS-OMELETTE

Vor- und Zubereitung: 20 Minuten

2 Personen

250 g Champignons
1 Zwiebel
2 EL Butter oder Ghee
150 g Jungspinat
Salz und Pfeffer
4 Eier
1 Prise Muskatpulver

1 Pilze putzen und in Scheiben schneiden. Zwiebel fein hacken. Beides in 1 Esslöffel Butter andünsten. Jungspinat beifügen und Mischung offen braten, bis die Eigenflüssigkeit verdampft ist. Mit Salz und Pfeffer würzen. Zugedeckt warm halten.
2 Inzwischen Eier mit wenig Salz und Muskatnuss (und evtl. 1 Esslöffel Mineralwasser mit Kohlensäure für eine luftigere Konsistenz) verquirlen. 1 Esslöffel Butter in großer Bratpfanne (Durchmesser 28 cm) erhitzen, Eimasse zugeben und bei mittlerer Hitze offen braten. Wenn sich die Omelette löst (mit Kochlöffel zuerst vom Pfannenrand lösen) und etwas braun gebraten ist (durch leichtes Anheben feststellen), auf einen flachen Teller oder flachen großen Deckel gleiten lassen, wenden und die zweite Seite braten. Dabei Pfanne mehrmals hin und her bewegen.
3 Omelette halbieren und auf Teller anrichten. Champignons-Jungspinat-Mischung auf die Hälfte der halbierten Omelettenteile verteilen, die unbelegte Hälfte darüber schlagen.

Beilagen-Tipps

CHICORÉE-SALAT

Chicorée quer in Streifen schneiden. Mit Olivenöl, Essig und Salz würzen und kurz ziehen lassen.

KAROTTEN-ROTE BETE-INGWER-SALAT

Rohes Gemüse schälen und 1 Stück Ingwer (daumengroß) grob raspeln. Mit Olivenöl, Essig, Salz und Pfeffer würzen und kurz ziehen lassen.

Tipps: Omelette schmeckt auch kalt. Geeignet zum Mitnehmen.

RHABARBER

Botanisch gesehen ist Rhabarber ein Gemüse, doch wer isst ihn schon mit Salz und Pfeffer? Für die Gesundheit sind die reichlich vorhandenen ätherischen Öle und das darmfreundliche Pektin wichtig. Das Stielgemüse wird zum Teil zur milden Darmreinigung eingesetzt.

Die Oxalsäure greift aber den Zahnschmelz an und soll sich im Körper mit Kalzium verbinden, weshalb man die Stauden in mäßigen Mengen und nicht täglich essen sollte. Die Säure kann verringert werden, wenn man die Stücke gleich nach dem Schälen und Kleinschneiden kurz in kochendem Wasser blanchiert und nachher das Wasser weg schüttet. Auch sollten die Stangen nicht in Aluminiumtöpfen gekocht werden, denn seine Säure soll das für unseren Organismus schädliche Aluminium aus dem Topf lösen.

Menschen mit Neigung zu Rheuma, Arthritis, Gicht und Nierensteinen wird von Rhabarber abgeraten.

Man unterscheidet hauptsächlich zwischen grünem und rotem Rhabarber. Wobei als Faustregel gilt: Je intensiver die rote Farbe der Stangen, desto weniger sauer schmecken sie. Generell gilt: Gut schälen und immer andünsten. Roher Rhabarber ist nämlich extrem sauer und zudem schwer verdaulich. Die Blätter sind giftig und daher absolut tabu.

Lagerung: Ungeschälte Stangen in ein feuchtes Küchentuch einwickeln und ins Gemüsefach des Kühlschranks legen.

RHABARBER-ORANGEN-DESSERT

2 Personen

Vor- und Zubereitung: 10 Minuten
Backofen vorheizen: 200°C
Garen: 30 Minuten (Mitte Backofen)

4 Rhabarber-Stangen
1 Orange
½ bis 1 EL Honig
1 Handvoll Nüsse, Mandeln, Samen und Kerne (Sorte nach Belieben)

1 Rhabarber und Orange schälen. Stangen in etwa 5 cm lange Stücke schneiden und Orange klein würfeln.
2 Beides ohne den ausgetretenen Orangensaft in eine ofenfeste Form mit Deckel (am besten aus Glas) geben und zugedeckt weich garen. Mit einer Lochkelle aus dem Sud heben und mit Gabel oder Kartoffelstampfer zerdrücken. Auskühlen lassen.
3 Honig unter die warme, aber nicht mehr heiße Masse mischen und kühl stellen.
4 Inzwischen die Nüsse und Mandeln zerkleinern. Mit den Samen und Kernen (Pinien etc.) ohne Fettzugabe unter ständigem Rühren leicht rösten (Vorsicht: verbrennen schnell!). Dessert damit dekorieren.

Variationen: Nüsse, Mandeln etc. weglassen. Ist auch top. ½ Zimtstange mitkochen und am Schluss entfernen.

LAMMEINTOPF MEDITERRAN

Gut geeignet als Ostermenu

2 Personen

4 Schalotten (oder kleine Zwiebeln)
2 Zucchini
2 Paprikaschoten (Farbe nach Belieben)
1 Knoblauchzehe
1 TL Petersilie, glatt
300 g Lammnierstück (in der Mitte längs halbiert, etwa ½ cm dünne Streifen)
2 EL Kokos- oder Olivenöl
1 TL Paprikapulver
1,5 dl Gemüsebrühe
250 g Cherrytomaten

Vor- und Zubereitung: 45 Minuten

1 Schalotten schälen und quer halbieren. Zucchini beidseitig kappen und längs halbieren. In 2 bis 3 cm lange Stücke schneiden.
2 Paprikaschoten entkernen, Stielansatz und weiße Rippen entfernen und grob würfeln. Knoblauch schälen und in dünne Scheiben schneiden. Petersilie zerzupfen.
3 Schalottenhälften mit Lammstreifen im Öl 2 Minuten anbraten. Zucchinistücke zugeben und nochmals 3 Minuten unter ständigem Rühren weiter braten. Paprikapulver untermischen.
4 Paprikawürfel, Knoblauchscheiben und Petersilie beifügen. Hitze reduzieren und 4 Minuten offen weiter köcheln.
5 Brühe angießen und Tomaten beifügen. Kurz aufkochen, Hitze reduzieren und zugedeckt nochmals 15 Minuten köcheln lassen. Abschmecken.

Variation: ½ Teelöffel Kreuzkümmel mit Paprikapulver zugeben. Reste können eingefroren werden.

FISCHSPEISEN

LACHSFORELLENFILET MIT PAPRIKA-TOMATEN AUF RUCOLA-BETT

2 Personen

1 rote Paprikaschote
1 Handvoll Cherrytomaten
1 Knoblauchzehe
2 EL Olivenöl
½ EL Balsamico-Essig
Salz
2 Lachsforellenfilets mit Haut (je etwa 150 g bis 200 g)
Pfeffer
1 EL Mandelsplitter
90 g Rucola
1 Zitrone

Vor- und Zubereitung: 10 Minuten
Backofen vorheizen: 200°C
Backen: 30 Minuten (Mitte Backofen)

1 Paprika entkernen, Stielansatz und weiße Rippen entfernen und Paprika würfeln. Tomaten halbieren. Knoblauch fein hacken. Gemüse in eine ofenfeste Form legen. Mit 1 Esslöffel Olivenöl, Balsamico-Essig und Salz würzen. 20 Minuten offen backen.
2 Fischfilets kalt abbrausen, mit Küchenpapier trocken tupfen. Paprika-Tomatenbett in der Mitte öffnen, Filets reinlegen, mit etwas Salz und Pfeffer würzen. 1 Esslöffel Olivenöl über Filets träufeln und mit Mandelsplitter bestreuen. Nochmals 10 Minuten offen backen.
3 Rucola auf Teller auslegen, Fisch und Gemüse darauf anrichten. Zitronenschnitze dazu servieren.

Variation: Forellenfilets anstatt Lachsforellenfilets verwenden.

FORELLE GEFÜLLT

2 Personen

2 Forellen (am Bauch aufgeschnitten und gereinigt)
Salz

Kräuterfüllung:

2 Frühlingszwiebeln
4 EL Petersilie, glatt
2 Knoblauchzehen
3 EL Butter oder Ghee

Vor- und Zubereitung: 10 Minuten
Backofen vorheizen: 220°C
Backen: 15 Minuten (Mitte Backofen)

1 Für die Kräuterfüllung heller Teil der Zwiebeln in dünne Ringe schneiden. Petersilie und Knoblauch fein hacken. Alles in der Butter andünsten. Kräuter-Buttersauce beiseite stellen.

2 Fisch kalt abbrausen. Mit Küchenpapier abtupfen. Auf ein mit Backpapier ausgelegtes Blech legen. Innen und außen mit Salz bestreuen und Bauchhöhle mit gedünsteten Kräutern füllen. Mit restlicher Buttersauce beträufeln und im Ofen backen.

Beilagen-Tipp

SPINAT MIT SPECK AN BALSAMICO-HONIG

300 g Spinat
2 EL Speckwürfelchen
1 EL Kokosöl
1 Schuss Balsamico-Essig
1 TL Honig
Salz und Pfeffer

Vor- und Zubereitung: 15 Minuten

1 Frischen Spinat waschen und tropfnass in Kochtopf geben. Zugedeckt erhitzen, bis er zusammenfällt. Abseihen und leicht ausdrücken. Speck im Kokosöl kurz anbraten, Spinat zugeben und kurz sautieren (offen unter ständigem Rühren braten).
2 Balsamico-Essig beigeben, Honig unterrühren und mit Salz und Pfeffer abschmecken.

Variation: Falls der frische Spinat im Laden ausgegangen sein sollte, nehmen Sie einfach die gleiche Menge tiefgekühlten Spinat. In diesem Fall ist es nicht nötig, diesen zu blanchieren. Sie können den tiefgekühlten Spinat einfach mit dem Speck im Kokosöl erhitzen und zugedeckt bei mittlerer Hitze im Schmelzwasser köcheln. Nachher wie bei Punkt 2 weiterfahren.

FIT IN DEN FRÜHLING – BARFUSS LAUFEN

Der Mensch ist von Natur aus mit allem ausgestattet, was er zum Leben braucht. Das gilt auch für Schuhe: Was ursprünglich als Erleichterung für besonders unwegsames Gelände gedacht war, hat sich heute zum „Klotz am Bein“ entwickelt, der oft mehr Probleme schafft, als er löst.

Barfuß laufen heißt natürlich laufen und heutige Naturvölker laufen gerne barfuß, wo immer sie können. Achten Sie auf kleine Kinder und darauf, wie gerne sie Schuhe ablegen und einfach barfuß drauf los laufen!

Wer barfuß läuft, gönnt seinen Füßen eine willkommene Auszeit, stärkt die Fußmuskulatur, erlebt eine kostenlose Fußreflexzonen-Massage und fördert eine bessere Körperhaltung, die die Knie entlastet, das Becken aufrichtet und dadurch über die Wirbelsäule den Rücken wieder in eine natürliche Position bringt: Barfuß laufen ist auch eine wirksame Therapie gegen Rückenschmerzen.

Füße sind biomechanische High-Tech-Maschinen

Laut Wikipedia befinden sich rund ein Viertel der 205-215 Knochen des menschlichen Körpers in den Füßen. Dazu gesellen sich 48 Muskeln, 18 Gelenke und eine besonders hohe Dichte von Tast-Rezeptoren an der Fußsohle. Diese Komplexität hat ihren Grund: Der Mensch hat sich in Millionen von Jahren Evolution schrittweise zum Langstrecken-Läufer auf zwei Beinen entwickelt. Dabei wurden die Füße und der restliche Geh-Apparat schrittweise für ihre Aufgaben optimiert: Gehen, Ausdauer-Laufen und Sprinten.

Bei jedem Schritt erfassen Tast- und Positions-Rezeptoren an den Füßen blitzschnell die Beschaffenheit des Untergrunds (eben/uneben, rutschig oder nicht, spitz oder stumpf, hart oder nachgiebig, nass oder trocken, usw.). Schon bevor diese Information das Bewusstsein erreicht hat, haben Reflexe automatisch die Fußmuskeln, Bein und Körperhaltung an den Untergrund angepasst, um darauf sicher und geschickt laufen zu können.

Zu den häufigsten Lauf-Verletzungen gehören Knöchelverletzungen durch unerwartete oder ungeschickte Aufprall-Situationen. Das liegt daran, dass die hoch entwickelte Fuß-Sensorik in Schuhen nicht funktionieren und die Flexibilität der Füße nicht auf unebene Untergründe reagieren kann. Barfuß-Läufer lernen schnell, ihre Füße nahtlos dem Untergrund anzupassen: Die hohe Flexibilität der Fußmuskeln, -sehnen und -knochen kompensieren so manchen Fehltritt auf unsicherem Untergrund bevor der Aufprall am Knöchel ankommt.

Natürlich laufen heißt auf dem Vorderfuß laufen (Ballengang). Dadurch wirkt die Achillessehne und der Wadenmuskel als Feder, der nicht nur Stöße abfängt, sondern bei schnellerem Laufen die Bewegungsenergie kurzzeitig zwischenspeichert und wieder an den Boden abgibt. Dieser Mechanismus ist viel wirkungsvoller, als jede Sohlendämpfung, sodass die Laufenergie kaum noch an den Knien ankommt. Knieschmerzen sind unter Joggern weit verbreitet, Barfuß-Läufer dagegen dämpfen ihre Aufprall-Energie im Fuß und in den Waden, sodass die Knie geschont werden. So mancher Läufer mit Knieschmerzen wurde durch den Umstieg auf Barfuß-Laufen von seinen Schmerzen befreit.

Übrigens: Beobachten Sie Tiere beim Laufen: Pfoten von Hund, Katze, Reh usw. entsprechen unserem Vorderfuß und die Fersen der Tiere sind anatomisch so weit vom Boden entfernt, dass sie diesen nie berühren. Tiere laufen ständig auf dem Vorderfuß und nutzen die gleichen Federmechanismen wie Barfuß-Läufer. Von Tieren können wir noch einiges lernen.

So lernen Sie wieder, barfuß zu laufen

Keine Angst: Man muss nicht gleich in die Vollen gehen und die zarten Fußsohlen am harten Asphalt abschaben. Barfuß-Feeling und vor allem die richtige Lauftechnik (mit dem Vorderfuß aufkommen, mit der Wade abfedern, kürzere Schritte, in die Knie gehen) kann man auch mit sog. „Barfußschuhen" haben: Das sind Schuhe mit mehr oder weniger minimal gehaltener Sohle, ohne Absatz und mit breiter Vorderseite, so dass der Fuß trotz Schuh seine Funktion natürlicher erfüllen kann. Manche Barfuß-Schuhe haben sogar Zehen und sehen aus wie Handschuhe für die Füße.

Bewährte Barfuß-Schuhe finden Sie bei Herstellern wie Vibram („Five Fingers"), Vivobarefoot, Merrell oder Joe Nimble („Nimbletoes"). Die Deutsche Firma Senmotic bietet hochwertige, in Deutschland handgenähte Barfuß-Schuhe mit minimaler Sohle an: *www.senmotic-barfussschuhe.de.*

Die folgenden Tipps werden Ihnen helfen, in kürzester Zeit die Freude am Barfuß-Laufen wieder zu entdecken:

- **Gehen Sie es langsam und vorsichtig an**: Wer ein Leben lang in Schuhen gelaufen ist, für den ist der Einstieg in das Barfuß-Laufen eine intensive Erfahrung. Überfordern Sie sich nicht! Fangen Sie zuhause an, indem Sie Socken und Pantoffeln im Schrank lassen und einfach zuhause immer barfuß laufen.
- **Kaufen Sie sich ein paar „Barfuß-Schuhe"**: Damit können Sie bei Spaziergängen, Ausflügen und im Sport schrittweise den Übergang vom Schuh-Lauf in den Barfuß-Lauf trainieren, ohne sich gleich zu überfordern.

- **Denken Sie an Ihre Sicherheit**: Erfahrene Barfuß-Läufer schrecken auch vor steinigem Untergrund nicht zurück. Als Anfänger sollten Sie dennoch vorsichtig sein: Ihre Fußsohlen sind dünn und empfindlich. Es dauert seine Zeit, bis Ihre Füße widerstandsfähig sind. Wenn Sie es übertreiben, können kleine Verletzungen oder auch Blasen auftreten. Denken Sie daran, Ihren Tetanus-Impfschutz aufzufrischen. Achten Sie immer auf den Untergrund und lernen Sie, spitzen Steinen, Wurzeln oder anderen Hindernissen auszuweichen. Mit der Zeit werden Sie merken, dass Ihr Unterbewusstsein im Wald automatisch einen Plan für die beste Schrittfolge erarbeitet, um selbst auf unwegsamen Gelände sicher und verletzungsfrei aufzutreten.
- **Trainieren Sie Ihre Füße**: Kaufen Sie sich einen harten Gummiball oder einen festen Igelball, um Ihre Fußmuskeln zu massieren, sie aufzulockern, die Faszien zu behandeln und Ihre Füße geschmeidiger und gelenkiger zu machen.
- **Geben Sie Ihren Waden und Sehnen Zeit**: Diese müssen jetzt mehr arbeiten, um Stöße abzufedern und Lauf-Energie zwischen zu speichern. Muskeln und Sehnen aufzubauen braucht Zeit, fangen Sie daher zuerst mit kurzen Laufstrecken (2-3 km) an und steigern Sie sich langsam bis auf Ihre gewohnten Strecken. Hören Sie auf, wenn Sie Schmerzen spüren und gönnen Sie sich dann eine Erholungszeit von ein paar Tagen.
- **Entdecken Sie den Spaß beim Barfuß-Laufen**: Barfuß-Laufen ist eine tolle Lebens-Erfahrung, die Sie buchstäblich „erdet". Genießen Sie Ihr neues Fuß-Gefühl und lassen Sie sich durch tägliche, kostenlose Fußmassagen auf immer neuen Untergründen verwöhnen. Suchen Sie sich Ausflugs-Ziele mit ausgewiesenen Barfuß-Pfaden und arbeiten Sie sich von dort zu immer anspruchsvolleren Barfuß-Wanderungen hinauf.

Literatur-Empfehlungen:

- *Propriozeption: Barfußlaufen verstehen* ist eine kostenlose Broschüre von Lee Saxby, einem der bekanntesten Barfuß-Lauf-Trainer.
- *Born to Run: Ein vergessenes Volk und das Geheimnis der besten und glücklichsten Läufer der Welt:* Dieses Buch ist ein Abenteuerroman, der voller faszinierender Hintergründe zum Barfuß-Laufen und zum Laufen allgemein ist.
- *Running Fast and Injury Free* sind die gesammelten Erfahrungen von Gordon Pirie, der mehrfach Weltrekorde gelaufen ist und sich danach auf das Trainieren von Athleten konzentriert hat.
- Die Harvard-Universität hat unter *Biomechanics of Foot Strikes & Applications to Running Barefoot or in Minimal Footwear* aktuelle Forschungsergebnisse und Hinweise für angehende Barfuß-Läufer zusammengestellt.

SOMMER

Für die meisten ist der Sommer die schönste Jahreszeit. Die Temperaturen steigen, das Freibad ruft und in der Küche sind leichte Sommer-Rezepte besonders gefragt. Eine kalte Suppe eignet sich gut als vitaminreiche Erfrischung an heißen Tagen und ein selbstgemachtes Eis oder Frappé sorgt für richtig gute Sommerlaune.

Während der heißen Jahreszeit sollte der Organismus nicht mit komplizierten Gerichten überlastet werden.

Auch ist es die Jahreszeit, in der viele köstliche Früchte Saison haben. Obst ist gesund. Viele Sorten enthalten jedoch mittlerweile viel Fruchtzucker, der genau wie herkömmlicher Zucker auf die Hüften wandert und die Leber überlasten kann. Als leichte Zwischenmahlzeit passen Beeren (Erdbeeren, Brombeeren, Heidelbeeren, Himbeeren und Johannisbeeren). Diese zählen zu den fruchtzuckerarmen Obstsorten und enthalten viele wichtige Vitamine und Mineralstoffe. Sie sind die absoluten Sieger in Sachen Gesundheitspower. Die kleinen aromatischen Früchte enthalten auch viele Ballaststoffe, was sättigend wirkt. Beeren mögen – wie Karotten – kein Plastik. Am besten immer gleich aus den Schälchen nehmen und nebeneinander auf einen Teller offen in den Kühlschrank stellen (Haltbarkeit 2 bis 3 Tage). Als Obstalternative eignet sich rohes Gemüse.

Artischocke, Brokkoli, Frühlingszwiebel und Löwenzahn haben immer noch Saison und Gemüsesorten wie Aubergine, Blumenkohl, Grüne Bohne, Karotte, Fenchel, Frühlingszwiebel, Gurke, Lauch, Mangold/Krautstiel, Paprika, Radieschen, Spitzkohl, Salatgurke, Tomate, Zucchini und viele Blattsalate sind erntefrisch zu haben. Je nach Witterung ist auch noch Spargel zu haben. Spinat macht eine Sommerpause.

Genießen Sie aber nicht nur unsere Sommer-Rezepte. Achten Sie außerdem auf eine ausreichende Flüssigkeitszufuhr. Am besten trinkt man stilles Wasser. Dieses kann nach Belieben mit Schnitzen von Zitronen, Limetten, Äpfel, Orangen, Gurken und Pfefferminzblättern geschmacklich aufgepeppt werden.

Sommer, Sonne, Sonnenschutz

Vitamin D: Unverzichtbar für Körper und Seele

Der Sommer ist da und Deutschland greift zur Sonnencreme. Denn seit Jahrzehnten warnen Ärzte vor Hautkrebs durch zu viel Sonne. Die Schattenseite ist jedoch: Vitamin-D-Mangel, der Herzkrankheiten, Immunschwäche, Nerven- und Hirnstörungen, sogar Krebs begünstigt.

Eine genauere Betrachtung zeigt, dass Sonne mehr gute als schlechte Seiten hat, vor allem wenn man sich richtig schützt: Ohne Sonnencreme. Denn Sonnencremes schützen nur unvollständig, stressen die Haut und können hormonelle Gleichgewichte stören. Der beste Sonnenschutz kommt von innen: Der richtige Umgang mit der Sonne, unterstützt durch die Paleo-Ernährung, hilft dem Körper, einen natürlichen Sonnenschutz aufzubauen, der besser ist als jede Sonnencreme und dabei wichtige Körperfunktionen unterstützt: Die Sommerhaut.

Sonne liefert mehr als nur das „Sonnenvitamin“ D

- Nicht nur Pflanzen nutzen Sonnenenergie zur Energie-Gewinnung, sondern auch Einzeller, Tiere und Menschen brauchen direkte Sonneneinstrahlung, um zu leben: Sonnenlicht ist ein wichtiger Taktgeber für Hormone: Morgens wachen wir auf, weil die Sonne scheint. Gerade der strahlend blaue Himmel wird von speziellen Zellen in der Netzhaut als Signal für die Hemmung des „Schlaf-Hormons“ Melatonin und für die Produktion von Cortisol, dem „Wach-Hormon“ benutzt. Ohne Sonnenlicht bleiben wir müde und abgeschlagen [18].
- Sonnenlicht wird von der Haut aufgenommen, um Vitamin D zu erzeugen, das „Sonnenvitamin“. Dieses Vitamin (das eigentlich ein Hormon ist) wird schon seit über 500 Millionen von Jahren in Lebewesen produziert. Beim Menschen spielt es in fast jedem größeren System eine wichtige Rolle: Vom Nervensystem über das Immunsystem, den Muskeln bis zu den Knochen ist es eine unentbehrliche Komponente zentraler Stoffwechsel-Prozesse. Umgekehrt ist die Liste der Symptome, die auf Vitamin-D-Mangel zurückgeführt werden können lang: Schizophrenie, Depression, erhöhtes Infektionsrisiko, Asthma, Übergewicht, Auto-Immunkrankheiten, Diabetes, Muskelschwäche, Knochenwuchs-Störungen, Osteoporose und Krebs. Ohne Vitamin D geht fast gar nichts [19].
- Besonders interessant: Vitamin D spielt nicht nur eine wichtige Rolle beim Schutz vor Krebs allgemein, sondern es schützt insbesondere auch vor Hautkrebs [20].

- Bei der Herstellung von Vitamin D in der Haut wird ein Cholesterin als Rohstoff genommen: Cholesterin + Sonne = Vitamin D. Das bedeutet auch: Sonnenlicht senkt den Cholesterin-Spiegel, in dem es buchstäblich das Cholesterin „weg sonnt". Das kann man im Blut messen, denn im Winter steigt regelmäßig beim Menschen der Cholesterinspiegel an [21].
- Erst seit kurzem weiß man, dass Sonnenlicht auch den Blutdruck senkt: Durch Sonneneinstrahlung wird Stickstoffmonoxyd aus Reserven in der Haut freigesetzt, das die Blutgefäße weitet und dadurch den Blutdruck senkt [22].

Risiken abwägen

Wie hoch ist eigentlich das Risiko, am gefürchteten schwarzen Hautkrebs zu sterben genau? Im Jahr 2012 hat das Robert Koch Institut Daten über die Erkrankungsraten zum Malignen Melanom der Haut veröffentlicht: Im Jahr 2010 starben 1568 Männer und 1143 Frauen (insgesamt also 2711 Menschen) in Deutschland an den Folgen des schwarzen Hautkrebses.

Dem gegenüber schätzen Wissenschaftler, dass von 605.000 Todesfällen pro Jahr, die auf Vitamin-D-sensitive Krankheiten zurück geführt werden können (dazu gehören z.B. Herz- und Kreislauf-Krankheiten, Schlaganfall, Krebs, Diabetes, Infektionen der unteren Atemwege) im Schnitt etwa 19 % durch eine Verdopplung des Vitamin-D-Spiegels im Blut verhindert werden könnten [19][23]. Das heißt: ca. 112.000 Todesfälle pro Jahr könnten in Deutschland verhindert werden, wenn der Vitamin-D-Pegel verdoppelt werden würde.

Sonne hat also klare Vorteile, zumal man sich auch sinnvoll gegen zu viel Sonne schützen kann und sollte. Doch bitte nicht mit Sonnencreme, denn Sonnencremes sind nur selten sinnvoll, weil sie oft falsch angewendet werden, durch entzündungshemmende Substanzen einen Schutz vortäuschen, der gar nicht da ist, eigene freie Radikale entwickeln und Auswirkungen auf den Stoffwechsel haben können. Würden Sie Ihre Sonnencreme essen wollen?

Es gibt einen besseren Schutz vor Sonne: Die eigene Haut!

Dass das UV-Licht der Sonne nicht nur nützlich ist, sondern auch Schäden verursachen kann, weiß die Natur schon längst und sie hat daher im Laufe der Evolution wirksame Schutzmechanismen entwickelt. Vor allem beim Menschen, der kein Fell hat, das die Haut vor Sonneneinstrahlung schützt, sind diese Schutzmechanismen sehr weit entwickelt. Dazu gehören:

- **Schweiß:** Das Sonnenlicht wird teilweise vom Schweiß reflektiert. Mit dem Schweiß sondern wir auch Urocaninsäure aus, die UV-Strahlung absorbieren kann. Allein der Schweiß bildet also einen natürlichen Sonnenschutz [33].
- **Lichtschwiele:** Als Reaktion auf verstärkte Sonneneinstrahlung beschleunigt die Haut ihre Zellteilung und bildet mehr Zellen, die auf die Hautoberfläche hoch wandern und dort die Hornhaut verstärken. Diese Hornzellen-Schicht ist verstärkt in der Lage, UV-Licht zu absorbieren. Der Körper entwickelt also buchstäblich eine dickere Haut gegen Sonnenlicht [19].
- **DNS:** Bei der Bildung dieser Hornzellen (Korneozyten) aus hornbildenden Zellen (Keratinozyten) stoßen erstere ihren Zellkern ab. Daraus ergeben sich zwei Vorteile: Hornzellen sind tote Zellen und können daher nicht mehr zu Krebszellen entarten. Zellkerne ohne Zellen „drum herum“ können sich ebenfalls nicht mehr teilen. Sie können aber UV-Licht absorbieren und in Wärme umwandeln [19].
- **Melanin:** Sog. Melanozyten stellen den Hautfarbstoff Melanin her, der sich um die Zellkerne der Hautzellen anlagert. Melanin kann das Sonnenlicht zu einem sehr hohen Prozentsatz einfach in Wärme umwandeln, so dass der darunter liegende Zellkern geschützt wird: Die Haut fährt ihre Schutzschilde hoch und wird braun. Dieser Schutzmechanismus passt sich nicht nur mit den Jahreszeiten an, sondern ist auch evolutionär abhängig vom Breitengrad: Je mehr Sonne durchschnittlich pro Jahr auf ein Land fällt, umso dunkler ist die genetisch bedingte Hautfarbe der natürlichen Einwohner. Melanin hat daher eindeutig eine Sonnenlicht-regulierende Funktion im menschlichen Organismus [34].
- **DNA-Reparatur und Apoptose:** Das menschliche Genom verfügt über mehr als 150 Reparatur-Gene, die DNA-Schäden reparieren können, auch DNA-Schäden, die durch UV-Strahlung verursacht wurden. Gelingt die Reparatur von UV-Schäden nicht, wird der automatische Zelltod der betroffenen Zelle eingeläutet (Apoptose) [35].
- **Antioxidantien:** Sonnenstrahlung erzeugt freie Radikale in der Haut, die die Haut schädigen können. Tatsächlich ist das UV-Licht nur für ca. 50 % dieser freien Radikale verantwortlich: Die andere Hälfte der freien Radikale wird durch sichtbares und Infrarot-Licht erzeugt, gegen das Sonnencreme nicht schützt. Gegen freie Radikale setzt die Haut ein hoch entwickeltes System von Antioxidantien ein. Dazu gehören Carotinoide [36], Lutein, Lycopin [37] und die Vitamine A, C, D, und E. Bis auf das Vitamin D müssen Antioxidantien mit der Nahrung aufgenommen werden: Aus Früchten und Gemüse. Je farbenfroher, desto mehr Antioxidantien sind darin enthalten. Antioxidantien schützen sich gegenseitig vor der Wirkung von freien Radikalen und neutralisieren diese [19].

- **Sonnenrötung:** Als eine der ersten Reaktionen auf das Sonnenlicht rötet sich die Haut (Erythem). Diese Sonnenrötung ist noch kein Sonnenbrand, sondern lediglich eine Schutzreaktion, bei der die Durchblutung der Haut gestärkt wird, damit die roten Blutkörperchen das UV-Licht absorbieren können. Da rote Blutkörperchen keinen Zellkern haben, sind sie auch weniger anfällig für Schäden durch UV-Licht. Zuerst bildet sich, ausgelöst durch Infrarot-Licht ein Wärme-Erythem als Sofort-Reaktion auf die Sonnenstrahlung, später wird ein UV-Erythem gebildet, das länger andauert. Wichtig hier ist die Rolle des Infrarot-Lichtes als frühen Reiz für die Haut, damit sie rechtzeitig ein Erythem als Schutz gegen die UV-Strahlung ausbilden kann [19][38].

Die menschliche Haut ist also bestens gerüstet, sich auf natürliche Weise gegen zu viel Sonneneinstrahlung zu schützen. Mehr noch: Diese Maßnahmen schützen auch dann die Haut, wenn Sonnencremes versagen oder nur einen unvollständigen Schutz bieten.

Rechtzeitig vorsorgen

Während einige der natürlichen Schutzmaßnahmen der Haut einen gewissen Sofort-Schutz bieten (Schweiß, Urocaninsäure, Antioxidantien, DNA-Reparatur, Sonnenrötung) brauchen wirkungsvollere Schutzmaßnahmen (Lichtschwiele, Braunfärbung) ca. 3 bis 4 Wochen Zeit, um sich voll auszubilden.

Der Mensch hat in freier Wildbahn Monate Zeit (nämlich den ganzen Frühling), um sich allmählich und behutsam an die steigende Sonnenintensität zu gewöhnen. Dagegen sperrt sich der Zivilisations-Mensch den ganzen Tag in Büros, Häuser und klimatisierte Shopping-Center und weicht der Sonne komplett aus. Selbst auf Wanderungen, Spaziergängen oder am Badesee verhindert Otto Normalverbraucher wirksam das Ausfahren seiner natürlichen Schutzschilde, indem er sich mit Sonnencreme einschmiert und auch sonst der Sonne dank gutgemeinter Ratschläge von Hautärzten ausweicht.

Die beste, natürliche Strategie ist also, den natürlichen Sonnenschutz der Haut aufzubauen und die Haut sinnvoll zu schützen, bis sie sich selber schützen kann:

- Sobald im Frühling die ersten Sonnentage kommen, bewusst die Haut an die Sonne gewöhnen, ohne Sonnenbrände zu riskieren.
- Zuerst reichen 15 Minuten Sonnenbaden täglich, ohne Sonnencreme und auf möglichst viel Hautfläche: Das fördert die Vitamin-D-Bildung und stimuliert die Haut, ihren eigenen Sonnenschutz aufzubauen.

- Vorsichtig an die Sonne gewöhnen: Lieber etwas früher aus der Sonne raus gehen, um Sonnenbrände zu vermeiden. Mit der Zeit bekommt man ein Gefühl dafür, wie viel Sonne man problemlos verträgt.
- Der beste Sonnenschutz ist, der Sonne auszuweichen: Schattenplätze suchen, Hüte und weite Kleidung tragen.
- Viel buntes Obst (z.B. Beeren) und farbenfrohes Gemüse (Tomaten, Tomatenmark, Paprika, etc.) essen. Das liefert Vitamine und Antioxidantien für den natürlichen Sonnenschutz.
- Die intensivste Sonnenstrahlung ist in der Zeit von 9 Uhr bis 16 Uhr. Faustregel: Wenn der eigene Schatten kürzer ist, als man selbst. In dieser Zeit wird am meisten Vitamin D produziert, gleichzeitig sollte man in dieser Zeit besonders vorsichtig sein.
- Den Sonnenaufenthalt unbedingt an den eigenen Hauttyp anpassen: Wer besonders helle Haut, Haare und Augen hat, sollte lieber vorsichtiger sein, dunkle Typen können sich ein bisschen mehr zumuten.
- Nur wenn sich ein längerer Aufenthalt in der Sonne nicht vermeiden lässt und Hüte/Kleidung nicht ausreichen, Sonnencreme verwenden. Dabei möglichst eine mineralische Sonnencreme ohne chemische Zusätze und mit ausreichendem UVA/UVB-Schutz verwenden. Richtig dosieren/auftragen.
- Schultern, Nacken, Nase und Ohren bekommen immer die meiste Sonne ab. Hier etwas vorsichtiger sein (Kopftuch für den Nacken, Schirmmütze, lange Haare, Hemden als Schutz verwenden).
- Kindern sollte man den richtigen Umgang mit Sonne frühzeitig erklären. Aber auch hier sollten Sonnenhut, Schatten und gesunder Menschenverstand vor der Sonnencreme-Nutzung stehen. Die meisten Kinder spielen sowieso lieber im Schatten, einfach weil es dort nicht so heiß ist – es sei denn jemand kommt auf die Idee, ein Planschbecken mitten in der Sonne aufzustellen. Es kommt also auch darauf an, die Aktivitäten der Kinder richtig zu steuern.

Wer verantwortungsvoll mit seiner Haut und der Sonne umgeht, frühzeitig einen natürlichen Sonnenschutz aufbaut und bewusst die Sonne nutzt, der kann ihre gesundheitlichen Vorteile genießen, ohne gleich Angst vor Hautkrebs haben zu müssen.

INFORMATIONEN UND TIPPS ZU GEMÜSE

Die Nachtschattengewächse
Aubergine, Chilischote, Kartoffel, Paprika und Tomate gehören zur Familie der Nachtschattengewächse.

Die Bezeichnung ist ziemlich irreführend, denn sie wachsen zu keiner anderen Uhrzeit als andere Pflanzen auch. Also keineswegs im „Schatten der Nacht". Diese Bezeichnung verdankt ihren Namen einem alten Aberglauben und wird abgeleitet von „Nachtschade" (mittelalterliches Wort für „Albtraum"), was auf die Giftigkeit und Gefährlichkeit mancher Mitglieder aus dieser hochinteressanten Pflanzenfamilie hinweist. Eine populäre Theorie besagt, dass die Blüten der Nachtschattenpflanze einen Geruch verströmen, der Kopfschmerzen und Albträume auslösen kann, wenn man im gleichen Raum mit den Pflanzen schläft. Nach einer anderen Theorie wurde die Pflanze gerade als Medizin gegen Albträume angewandt. In beiden Fällen passt die mittelalterliche Bezeichnung „Nachtschadengewächs". Das *d* wandelte sich im Laufe der Zeit in ein *tt*.

Diese Kategorie wird in der Paleo-Ernährung immer wieder diskutiert, denn nach der strengen Paleo-Lehre sollte darauf verzichtet werden. Nachtschattengewächse haben nämlich den Ruf entzündungsfördernd zu sein. Grund dafür sind die darin enthaltenen Giftstoffe in konzentrierter Form. Für Menschen mit einer Autoimmunerkrankung oder die ein erhöhtes Risiko dafür aufweisen (Fälle innerhalb der Familie), aber auch Leute, welche an rheumatischen Erkrankungen und anderen schmerzhaften Muskel-Skelett-Erkrankungen leiden, könnte sich ein Versuch lohnen, eine Zeitlang komplett auf den Verzehr von Nachtschattengewächsen zu verzichten. So könnte festgestellt werden, ob sich die Beschwerden bessern.

Für Menschen ohne gesundheitliche Probleme sollten diese Gemüsesorten kein Problem darstellen.

Die Nachtschattengewächse lassen sich gut zusammen kombinieren. Mit Zucchini dazu erhält man eine leckere **Ratatouille**:

Für 4 Personen:
2 Auberginen, 2 Zucchini, 2 Paprikaschoten (Farbe nach Belieben), 2 Tomaten, 1 Zwiebel und – wer mag – ein paar Champignons klein würfeln. 1 Knoblauchzehe in dünne Scheiben schneiden. Alles in etwas Olivenöl anbraten. Mit Salz und Pfeffer abschmecken. Gemüse bei schwacher Hitze zugedeckt weich garen. Optional am Schluss ein paar Oliven untermischen.

Sehr raffiniert und alles in einer Pfanne: Eier im Ratatouillebeet
Vier Mulden im Gemüse formen. Eier einzeln aufschlagen und sorgfältig in die Mulden gleiten lassen. Mit wenig Salz würzen. Pfanne zudecken und bei schwacher Hitze Eier stocken lassen. Mit Schnittlauch bestreuen.

AUBERGINE

Ab Juni gibt es wieder frische Auberginen zu kaufen. Die meist violetten, keulenförmigen Früchte sind wahre Multitalente der Sommerküche. Sie schmecken gebraten, gegrillt, gefüllt oder als cremige Paste. Aus den Küchen rund ums Mittelmeer sind sie kaum wegzudenken. Weil Auberginen wenig Eigengeschmack besitzen, verträgt das Gemüse kräftige Aromen als Begleiter. Olivenöl und Knoblauch, Pfeffer und Chili eignen sich gut zum Würzen. Zusammen mit Tomaten entfalten sie ein spezielles Aroma.

Je nach Art der Zubereitung muss man die Auberginen vor dem Backen, Kochen oder Braten mit wenig Salz bestreuen und 10 Minuten ziehen lassen. Am besten gelingt das Einsalzen, wenn die Auberginenscheiben auf einen schräg gestellten Teller oder in ein Pastasieb gelegt werden, so dass die Flüssigkeit abtropfen kann. Das Salz entzieht den Auberginen die Bitterstoffe und macht das Gemüse weich. Anschließend abschütteln oder mit Küchenpapier abtupfen. Beim Braten braucht es genug Öl, damit die Auberginen nicht austrocknen.

Das weiche Fruchtfleisch saugt beim Braten wie ein Schwamm Öl auf, sodass die ursprünglich kalorienarmen Früchte sehr gehaltvoll werden. Das Fett lässt sich aber zum einen nach dem Braten mit Küchenpapier abtupfen, andererseits können Auberginenscheiben statt in der Pfanne ebenso gut auf dem Grill zubereitet werden – wie oben beschrieben einsalzen, dünn mit Öl bestrichen direkt auf den Grillrost legen oder in einer Grillschale. Eine Vinaigrette aus gehackten Knoblauchzehen und reichlich glatter Petersilie, ein oder zwei klein gewürfelten Cherrytomaten, Essig, Olivenöl, Salz und Pfeffer darauf verteilen und kurz ziehen lassen. Lauwarm oder kalt genießen.

Auberginen-Piccata: wie oben beschrieben einsalzen. Eier verquirlen, Auberginenscheiben darin wenden. In heißem Öl goldbraun braten (eventuell braucht es zusätzliches Öl). Auf Küchenpapier abtropfen lassen. Inzwischen für die Tomatensauce 1 geschälte Knoblauchzehe mit 1 Zweig Basilikum in wenig Olivenöl kurz andünsten (Knoblauch darf nicht braun werden). Passierte Tomaten beifügen. Mit Meersalz würzen und etwa 15 Minuten zugedeckt köcheln lassen. Knoblauch entfernen. Auberginen mit Tomatensauce anrichten und lauwarm servieren. Ein grüner Salat passt gut dazu.

Pikante Auberginen-Beilage: Auberginen schälen und grob würfeln. In Öl andünsten, zudecken und weich garen (eventuell zusätzliches Öl zugeben). Gegen den Schluss der Garzeit etwas rote Curry-Paste unterheben und abschmecken.

Weitere originelle Auberginen-Rezepte finden Sie im Herbstteil.

Vorsicht: Die Eierfrüchte enthalten das giftige Solanin, deshalb dürfen sie nicht roh gegessen werden: also auf jeden Fall gut durch garen.

Lagerung: Im Kühlschrank ist es der Aubergine zu kalt und oben drauf ist es ihr zu warm. Am liebsten mag sie es in einem Keller oder Vorratsraum.

TOMATE

Tomaten zählen zu den beliebtesten Gemüse-Sorten. Kein Wunder, sie schmecken nicht nur gut, sondern es lassen sich im Nu eine Vielzahl von Gerichten herstellen oder aufpeppen.

Eine superschnelle Beilage besteht aus frischen, halbierten Tomaten, mit der Schnittfläche nach oben angerichtet und mit etwas Salz und Olivenöl gewürzt.

Im Ofen: In England und Schottland werden Cherrytomaten am Zweig als Dekorations-Beilage serviert. Cherrytomaten am Zweig bei 220°C im Ofen backen. Auf Teller anrichten und mit etwas Salz oder Basilikumpesto oder einer Sauce aus Olivenöl, Essig (Essig und Balsamico gemischt), gehacktem Knoblauch und Petersilie würzen. Schön sieht es auch aus, wenn der Zweig abgenommen wird, aber der grüne Stielansatz dran bleibt.

Nicht mehr so frische Tomaten in Scheiben schneiden oder halbieren, mit Salz, Olivenöl, ein paar Tropfen Balsamico-Essig im Ofen bei 220°C backen.

Lagerung: Tomaten reagieren empfindlich auf Kälte. Sie gehören daher nicht in den Kühlschrank. Tomaten sollten – wie Äpfel – getrennt aufbewahrt werden, da sie große Mengen des Gases Ethylen freisetzen, welches den Reifeprozess von anderem Obst und Gemüse beschleunigt, wenn diese daneben liegen. Unreife grüne Tomaten enthalten Solanin. Dabei handelt es sich um einen Inhaltsstoff, der in größeren Mengen giftig wirkt. Auch bei einer schwachen Grünfärbung am Stielende sollte man Tomaten noch ein paar Tage liegen lassen. Wenn sie Faul- oder Schimmelstellen zeigen, bitte immer ganze Tomate wegwerfen.

PAPRIKA

Die Amerikaner nennen ihn „Pepper“, obwohl er mit Pfeffer nichts zu tun hat. Wir nennen ihn „Schote“, aber in Wirklichkeit ist er eine Beere.

Roher Paprika passt zu fast allen Salatzutaten, von Staudensellerie bis hin zu Gurken und Tomaten. Gewisse Menschen klagen nach dem Verzehr über Verdauungsprobleme. Abhilfe schafft das Schälen der ganzen, rohen Gemüsefrüchte mit einem Sparschäler. Geschmort schmecken sie besonders gut in Kombination mit Auberginen, Tomaten und Zucchini.

Eine unkomplizierte und bekömmliche Vorspeise oder Beilage sind die im Ofen gebackenen Schoten: Paprika auf ein mit Backpapier ausgelegtes Blech setzen. In der Mitte des auf 240°C vorgeheizten Ofens backen, bis Haut Blasen wirft, gebräunt ist und Paprika etwas zusammengefallen sind (ca. 15 bis 20 Minuten). Herausnehmen, einzeln in Küchentuch wickeln und abkühlen lassen. Haut abziehen, vierteln, Kerne, Stielansatz und weiße Rippen entfernen. Mit etwas Olivenöl und Salz vermengen oder wer mag, kann noch etwas fein gehackte gekrauste Petersilie und Knoblauch untermischen. Kann etwa 1 Woche im Kühlschrank zugedeckt gelagert oder tiefgekühlt werden.

Lagerung: Frische Paprika muss ganz prall und glänzend und der Stiel darf nicht braun sein. Am besten an einem kühlen, dunklen Ort oder im Gemüsefach des Kühlschranks lagern. Da sie schnell weich und runzelig wird, sollte sie bald verarbeitet werden.

GAZPACHO

Tomaten, Paprika, Salatgurke und Gewürze. Das sind die sommerlichen Hauptzutaten für eine typische Gazpacho. Die spanische Suppe ist sehr leicht, erfrischend – und da die Zutaten nicht gekocht werden – sehr vitaminreich. Und auch die Zubereitung ist einfach. Alle Zutaten werden unter Zugabe von Wasser und eventuell einem Schuss Essig, ein paar Kräutern püriert oder im Mixer ganz fein zerkleinert. Anschließend gewürzt, kalt gestellt und vor dem Servieren mit etwas Olivenöl verfeinert. Wer zudem noch mehr Ballaststoffe in der kalten Suppe haben möchte, kann die Zutaten noch feiner mixen und nicht absei-hen. So erübrigt sich auch eine Einlage. Ideal zum Mitnehmen.

GAZPACHO ROT

4 Personen

2 rote Paprikaschoten
3 würzige Tomaten
1 Salatgurke
2 Schalotten
2 Knoblauchzehen
5 bis 6 Basilikumblätter
1 EL Petersilie, glatt
1 EL Essig (optional)
Salz und Pfeffer
wenig Olivenöl

Vor- und Zubereitung: 15 bis 20 Minuten
Kühl stellen: mindestens 1 Stunde

1 Paprika entkernen, Stielansatz und weiße Rippen entfernen. Tomaten halbieren, Stielansatz entfernen. Paprika und Tomaten mit ungeschälter Gurke, Schalotten und Knoblauch grob würfeln.
2 Basilikum und Petersilie grob zerzupfen und zugeben. Essig und 2 dl kaltes Wasser beifügen. Alles gut pürieren (mit Pürierstab oder im Mixer). Portionenweise durch ein feines Sieb streichen (am schnellsten geht es, wenn man kleine Mengen in das Sieb gibt und es schnell hin und her bewegt). Zugedeckt kühl stellen.
3 Kurz vor dem Servieren abschmecken und anrichten. Wenig Olivenöl in jeden Suppenteller träufeln.

Tipps: Als Einlage eignen sich sehr klein gewürfelte Zwiebeln, Paprikaschoten, Radieschen, Salatgurken, Tomaten, Avocado, hart gekochte Eier und Sprossen. Auch eine Kräutermischung aus klein gehacktem Basilikum, Bärlauch, gekrauste Petersilie, Brennnesseln, Löwenzahn und anderen Wildpflanzen peppt die kalte Suppe auf.
Gezahnte Tomaten verwenden. Diese sind in dieser Zeit besonders aromatisch. Da sie sehr groß sind und bis zu 500 g pro Stück wiegen können, reicht es, wenn Sie 2 mittlere Exemplare für die kalte Suppe verwenden.
Reste zugedeckt im Kühlschrank lagern. Am nächsten Tag ist die Gazpacho noch würziger.

Variation Gelbe Gazpacho: Anstatt „rote Zutaten" wie rote Paprika oder Tomaten verwenden wir für die gelbe Gazpacho „gelbe Zutaten". Die roten Paprikaschoten werden durch gelbe Paprikaschoten, die würzigen Tomaten durch 1 kg gelbe Cherrytomaten ersetzt. Der Rest bleibt gleich.

KAROTTEN-GAZPACHO

4 Personen

Vor- und Zubereitung: 15 bis 20 Minuten
Kühl stellen: mindestens 1 Stunde

3 würzige Tomaten
2 Frühlingszwiebeln
1 Avocado
5 bis 6 Basilikumblätter
5 Karotten
½ Zitrone
Salz
Pfeffer
wenig Olivenöl

1 Tomaten halbieren, Stielansatz entfernen und Fruchtfleisch grob würfeln. Zwiebeln mit etwas Grün klein schneiden. Avocado schälen und halbieren, Stein herauslösen. Alles zusammen mit dem Basilikum gut pürieren (mit Pürierstab oder im Mixer).
2 Karotten durch Saftpresse drücken. Karotten- und Zitronensaft unter das pürierte Gemüse heben. Zugedeckt kühl stellen.
3 Kurz vor dem Servieren abschmecken und anrichten. Wenig Olivenöl in jeden Suppenteller träufeln.

GAZPACHO GRÜN

4 Personen

2 Salatgurken
2 gelbe Paprikaschoten
1 Avocado
3 Frühlingszwiebeln
2 Knoblauchzehen
2 EL Essig oder Zitronensaft
Salz und Pfeffer
wenig Olivenöl
2 Minzeblätter

Vor- und Zubereitung: 15 bis 20 Minuten
Kühl stellen: mindestens 1 Stunde

1 Gurken längs halbieren und entkernen. Paprika entkernen, Stielansatz und weiße Rippen entfernen. Avocado schälen und halbieren, Stein herauslösen. Gurke, Paprika, Avocado, Frühlingszwiebeln ohne Grün und Knoblauch grob schneiden.

2 Essig oder Zitronensaft und 3 dl kaltes Wasser zugeben, gut pürieren (mit Pürierstab oder im Mixer). Portionenweise durch ein feines Sieb streichen (am schnellsten geht es, wenn man kleine Mengen in das Sieb gibt und es schnell hin und her bewegt). Zugedeckt kühl stellen.

3 Kurz vor dem Servieren abschmecken und anrichten. Wenig Öl in jeden Suppenteller träufeln und zerzupfte oder geschnittene Minzeblätter darüber verteilen.

Variation: 8 große Garnelen, gekocht und geschält, kalt abbrausen und trocken tupfen, längs halbieren und mit wenig Zitronensaft beträufeln. 1 rote Zwiebel in kleine Würfel oder Halbringe schneiden. Suppe damit garnieren.

AN AVOCADO A DAY KEEPS THE DOCTOR AWAY

Sie sieht aus wie eine Birne, ist aber botanisch eine Beere. Die exotische Frucht ist nicht nur lecker und nahrhaft, sondern auch arm an Fruktose und voller Nährwert und Schutzstoffen. Sie ist das ganze Jahr über zu haben.

Geschichte des Avocado-Baumes

Der Avocado-Baum hat seinen Ursprung in Südmexiko. Die indigenen Völker im tropischen und subtropischen Zentralamerika nutzten die Avocado schon vor etwa 10.000 Jahren als wohlschmeckende Frucht und wussten auch über deren Heilkraft Bescheid. So wurde beispielsweise das Fruchtmus der Avocado in der Maya-Medizin traditionell zur Wundheilung eingesetzt.

Nach Europa gelangte die Avocado erst Anfang des 20. Jahrhunderts, als man begann, den Exoten im Mittelmeerraum zu kultivieren. Doch es dauerte lange, bis die sogenannte Butterbirne hier wirklich die ihr gebührende Anerkennung fand.

Im deutschsprachigen Raum war die Avocado noch vor wenigen Jahren eine Seltenheit und in erster Linie aus dem Kosmetikbereich bekannt. Zudem galt die Frucht für lange Zeit als Dickmacher, weswegen sie insbesondere im Zusammenhang mit Diäten konsequent gemieden wurde.

Avocado: heilsame Frucht

Doch mittlerweile deuten immer mehr wissenschaftliche Studien darauf hin, dass gerade übergewichtige Menschen von der Avocado – einer der nährstoffreichsten Früchte der Welt – profitieren können. So konnten Studien zeigen, dass der Verzehr von einer halben Avocado zu Mahlzeiten das Sättigungsgefühl signifikant verlängert und auch hilft, den Blutzuckerspiegel zu regulieren. Die Kombination von erhöhter Sättigung und Blutzuckerregulation unterstützt beim Abnehmen.

Die Avocado ist – gemeinsam mit der Olive – die fettreichste Frucht. Die einfach ungesättigten Fettsäuren der „Butter vom Baum" wirken sich günstig auf die Gesundheit aus. Avocados sind eine exzellente Quelle für gute Fette, welche zentral sind für die Hirn- und Nervengesundheit, stellen dem Körper Energie zur Verfügung und enthalten gleichzeitig wenig Fruktose. Die Frucht enthält viele essentielle Nährstoffe. Ein großer Vorteil, der durch das Hinzufügen von frischen Avocados zu Ihren Speisen erreicht wird, besteht auch darin, dass dadurch die fettlöslichen Vitamine (A, D, E und K) aus anderen Zutaten leichter aufgenommen werden können.

Avocado in der Küche

Die Super-Frucht lässt sich leicht in den Speiseplan einbauen. Sie kann pur genossen oder mit anderen Lebensmitteln kombiniert werden, z.B. als Vorspeise oder Beilage, in Suppen, Salaten, Salatsaucen, als Rohkostdip oder gar in Desserts. So lässt sie sich problemlos jeden Tag verspeisen, ohne dass es langweilig wird.

Die meisten Nährstoffe sitzen unter der Schale, also der dunkle äußere Bereich. Am besten schneiden Sie die Avocado der Länge nach um den Kern herum auf. Dann drehen Sie die beiden Hälften in entgegengesetzte Richtungen, um sie von einander zu lösen. Entfernen Sie den Kern. Nun können Sie das Fruchtfleisch stückweise oder mit einem Messer „im Karomuster" einschneiden und mit einem Löffel herausheben. Eine andere Variante ist das Schälen von Hand, wo Sie Stück für Stück der Schale abnehmen. Das grüne Fruchtfleisch verfärbt sich rasch dunkel. Darum: gleich essen oder mit etwas Zitronensaft beträufeln, so vermeiden Sie diese Oxidation.

Schnell und lecker:

- Avocado-Tomaten-Salat (mit gerösteten Kürbiskernen oder Zwiebelringen)
- Avocado-Salat mit Sesam (Avocadoschnitze mit etwas Essig beträufeln, salzen und mit Sesam bestreuen, vorsichtig vermengen)
- Schnelle Vorspeise/Beilage: Pro Person 1 Avocado schälen und halbieren, den Stein herauslösen und mit der Schnittfläche nach oben anrichten. Etwas Essig in Vertiefungen gießen und mit wenig Salz würzen.
- Rührei mit angebratenen Schinkenwürfeln und zerdrücktem Avocadofleisch (sehr gut für das Frühstück geeignet).

Avocado-Dips zu Rohkost:

- 2 Avocados pürieren, mit Salz und Saft einer ½ Zitrone würzen. Entweder 1 klein geschnittene Zwiebel oder eine Knoblauchzehe fein und ein paar Baum- oder Pekannüsse grob hacken und untermischen.
- **Guacamole:** 2 Avocados pürieren, mit Salz, Pfeffer und Saft einer ½ Zitrone würzen, 1 klein geschnittene Zwiebel und 2 fein gehackte Knoblauchzehen untermischen.
- **Pikante Mousse:** 2 Avocados pürieren, mit Saft einer Zitrone würzen. 1 kleine Zwiebel und wenig Chilischote fein hacken, etwas geschnittenen Schnittlauch, Salz und Pfeffer zugeben und alles vermengen.

Auch in Salatdressings macht sich die Avocado gut: Einfach einen Esslöffel Avocadofleisch mit einer Gabel zerdrücken und in die Sauce geben (passt sehr gut zu Karotten, Kohlgemüse oder Kohlrabi). Alternativ können Sie auch eine klein geschnittene Avocado in einen grünen Salat geben und mit der Salatsauce gut vermengen.

Avocado in der Schönheitspflege
Frauen benutzen sie erfolgreich als Basis für selbstgemachte Hautcremes und Masken: 1 Avocado mit 1 Esslöffel Zitronensaft pürieren und auftragen. 20 Minuten einwirken lassen, abwaschen. Reste mit etwas Salz und evtl. einer gehackten, roten Zwiebel, vermengen und verspeisen.

Lagerung: Avocados reifen nicht am Baum, da sie rasch verderben. Finden Sie Avocados, die bereits weich sind, dann handelt es sich meistens um solche, die schon länger im Laden liegen und innen schwarze, also ungenießbare Stellen aufweisen. Wählen Sie daher am besten etwas härtere und unreife Früchte, die Sie dann bei sich zu Hause an einem zimmerwarmen Ort reifen lassen können. Zum schnelleren Reifen kann man unreife Avocados zusammen mit Äpfeln lagern. Avocados können verzehrt werden, wenn die Früchte auf leichten Fingerdruck nachgeben. Avocados müssen nicht in Bio-Qualität gekauft werden, denn selbst konventionell sind sie kaum von Pestiziden belastet und wir essen die Schale nicht mit.

Sobald sie reif sind, können sie bis zu 3 Tage im Kühlschrank gelagert werden (aber nicht vorher, denn sie reift sonst nicht mehr nach). Eine halbierte Frucht mit dem Kern lagern, da dieser verhindert, dass sich das Fruchtfleisch dunkel verfärbt (oxidiert).

GRÜNE BOHNEN – PALEO ODER NICHT?

Grüne Bohnen gehören botanisch zwar zu den Hülsenfrüchten, welche aufgrund ihrer Anti-Nährstoffe (Lektine und Phytinsäure) in der Paleo-Ernährung gemieden werden sollten. Da es sich aber bei diesen Bohnen – wie auch bei den Erbsen – zum größten Teil um die Schoten handelt und der Anteil der darin enthaltenen Früchte und somit Anti-Nährstoffen gering ist, kann man diese eher dem Gemüse zuordnen und unbesorgt zugreifen. Bohnenkraut macht sie schmackhafter und verdaulicher.

Vorsicht: Die Bohnen enthalten für den Menschen giftige Stoffe, die durch das Kochen zerstört werden. Samen und Hülsen dürfen deshalb nie knackig gekocht oder gar roh gegessen werden: auf jeden Fall immer gut durch garen.

Grüne Bohnen mit Tomaten: 2 große Tomaten halbieren, Stielansatz entfernen, Tomaten entkernen und Fruchtfleisch würfeln. Mit 30 g bis 40 g Speckwürfelchen, 2 bis 3 Basilikumblättern und 1 gehackter Zwiebel ohne Bratfett andünsten. Gerüstete Bohnen mit 1 dl Wasser, Salz und Pfeffer zugeben und zugedeckt bei mittlerer Hitze weich garen.

Grüne Bohnen-Salat: 500 g gerüstete Grüne Bohnen in wenig siedendem Wasser offen weich garen (oder im Steamer/Dampf zubereiten). Abseihen. Italienische Sauce (Essig, Olivenöl, Salz und wenig Pfeffer) mit den warmen Bohnen vermengen. Wer mag, presst eine Knoblauchzehe dazu. Kurz ziehen lassen. Auch gut dazu passen halbierte, hartgekochte Eier oder gedämpfte Champignons.

Speck-Bohnen: 500 g Grüne Bohnen mit Bohnenkraut in wenig siedendem Salzwasser offen weich garen. Abseihen. Je ein paar Bohnen mit Speckstreifen einwickeln und in etwas Butter braten oder mit der Naht nach unten im vorgeheizten Ofen offen bei 200°C backen. Dabei einmal wenden.

Grüne Bohnen an Zitronensauce: 500 g Grüne Bohnen in wenig siedendem Wasser offen weich garen (oder im Steamer/Dampf zubereiten). Kurz vor Ende der Garzeit 3 Frühlingszwiebeln zu Ringen schneiden, dazugeben und fertig garen. Abseihen. Für die Sauce Saft von einer Zitrone auspressen, 2 Knoblauchzehen dazu pressen und mit 5 Esslöffel Olivenöl verrühren. Zu den Bohnen und Frühlingszwiebeln geben. Mit Salz und Pfeffer abschmecken und sorgfältig vermengen. Lauwarm oder kalt servieren.

Lagerung: Am besten an einem kühlen, dunklen Ort oder im Gemüsefach des Kühlschranks lagern. Da sie schnell verwelken und schrumpeln, sollten sie möglichst bald verarbeitet werden.

GEMÜSESALAT

Ist es Ihnen zu heiß für warmes Gemüse? Dann probieren Sie es mit einem kalten Gemüsesalat: Gerüstetes und gedämpftes Gemüse (Blumenkohl, Brokkoli, Fenchel, grüne Bohnen, Kohlrabi, Mangold/Krautstiel, Rosen- und Spitzkohl usw.) oder auch gegrillt (Aubergine, Paprika, Pilze, Zucchini usw.) mit einer Sauce aus Essig, Olivenöl, Salz und eventuell etwas Pfeffer vermengen und etwas ziehen lassen. Für Mangold/Krautstiel eignet sich Zitronensaft besser als Essig. Eine gepresste Knoblauchzehe in der Sauce gibt Speisen wie grüne Bohnen, Mangold/Krautstiel, Aubergine und Paprika mehr Geschmack. Und Reste von einem Blumenkohlsalat lassen sich mit Tomaten- und Zwiebelwürfel sehr lecker aufpeppen.

Kochüberschüsse von Gemüse können mit etwas Fantasie und auch mit anderen überschüssigen Zutaten zu echten Leckereien verarbeitet werden. So eignen sie sich hervorragend als Suppeneinlage oder püriert als Suppe, um einen grünen Salat aufzupeppen, in einer Frikadelle oder Omelette, im Rührei oder unter einem Spiegelei. Im Umgang mit Resten ist Kreativität erlaubt.

Roher Blumenkohl-Taboulé: Für 2 Personen (Zubereitungszeit 10 Minuten). Taboulé ist ein Salat mit Bulgur oder Couscous aus der libanesischen Küche. Er wird als erfrischende Vorspeise oder Beilage serviert, bisweilen wird er auch als Hauptspeise angeboten.

Bulgur oder Couscous durch Blumenkohl ersetzen:
1 roher Blumenkohl in Röschen schneiden und klein mixen. ½ Salatgurke längs vierteln und in dünne Scheiben schneiden. 8 Cherrytomaten achteln. Alles beigeben. Je 1 Esslöffel glatte Petersilie und Basilikum fein hacken und mit einer gepressten Knoblauchzehe untermischen. Die Schale von einer Zitrone abreiben (nur gelber Teil) und mit deren Saft zugeben. Alles mit Olivenöl, Salz und Pfeffer abschmecken.

WÜRZIGER AVOCADO-FORELLEN-SALAT

2 Personen

2 Avocados
2 geräucherte Forellenfilets
1 rote Zwiebel
1 Handvoll Gartenkresse
1 EL Essig
1 EL Olivenöl
Salz
Pfeffer

Vor- und Zubereitung: 10 Minuten

1 Avocados schälen und halbieren, Stein herauslösen. Fruchtfleisch längs in Schnitze schneiden.
2 Forellenfilets von Hand in Stücke zerzupfen. Zwiebel klein würfeln. Kresse mit der Schere abschneiden und alles zu den Avocado-Schnitzen geben.
3 Mit Essig und Öl sowie etwas Salz und Pfeffer würzen. Vorsichtig vermengen.

Tipp: Als Hauptspeise doppelte Menge zubereiten.

AVOCADO-GRAPEFRUIT MIT RÜHREI

2 Personen

Vor- und Zubereitung: 10 Minuten

1 Avocado
1 Grapefruit
wenig Balsamico-Essig
Olivenöl
Salz
Pfeffer
4 Eier
1 EL Butter oder Ghee

1 Avocado schälen und halbieren, Stein herauslösen. Fruchtfleisch würfeln. Grapefruit von der Schale befreien und ebenfalls würfeln. Beides vorsichtig mit Balsamico, etwas Olivenöl, Salz und Pfeffer vermengen.
2 Eier mit etwas Salz verquirlen. Butter erhitzen und Eimasse unter ständigem Rühren braten. Pfanne von der Wärmequelle nehmen, bevor gewünschte Konsistenz erreicht ist, da die Eier durch die gespeicherte Hitze noch weiter garen.
3 Früchtewürfel mit Rührei anrichten.

DORADE MIT TOMATEN UND OLIVEN

2 Personen

2 Doraden (Goldbrasse), küchenfertig
Salz
4 EL Kräuter, frisch (Rosmarin, Salbei, glatte Petersilie, Thymian, Oregano)
4 EL Olivenöl
2 Fleischtomaten
2 Knoblauchzehen
1 Handvoll schwarze Oliven, entsteint

Vor- und Zubereitung: 10 Minuten
Backofen vorheizen: 200°C
Backen: 40 Minuten (Mitte Backofen)

1 Fische kalt abbrausen, innen und außen mit Küchenpapier abtupfen und überall etwas salzen.
2 Kräuter zerzupfen und die Hälfte in den Fischbauch füllen. 2 Esslöffel Olivenöl in eine ofenfeste Form träufeln. Fische reinlegen und mit restlichen Kräutern bestreuen.
3 Stielansatz bei den Tomaten entfernen und Fruchtfleisch achteln. Zwischen den Doraden und herum verteilen, mit Salz würzen.
4 Knoblauch in dicke Scheiben schneiden und mit Oliven auf Tomaten verteilen. Restliche 2 Esslöffel Olivenöl über Fische und Gemüse träufeln und 20 Minuten offen im Ofen backen. Mit Alufolie zudecken und nochmals 20 Minuten garen.

Dazu passt: „Grüne Bohnen-Salat“ (auf Seite 90).

GARNELENSALAT MIT AVOCADO UND WASSERMELONE

2 Personen

200 g große Garnelen, gekocht und geschält (mit Schwanzsegment)
Salz
1 Avocado
1 Wassermelonenschnitz (mit Schale etwa 600 g)

Sauce:
¼ Chilischote, frisch
1 rote Zwiebel, klein
1 EL Petersilie, gekraust
1 Knoblauchzehe
1 Limette
1 EL Essig

Vor- und Zubereitung: 15 Minuten

1. Für die Sauce Chili entkernen. Mit Zwiebel und Petersilie fein hacken. Knoblauch dazu pressen. Mit Limettensaft und Essig verfeinern.
2. Garnelen kalt abbrausen. Mit Küchenpapier abtupfen und mit der Sauce vermengen. Mit Salz würzen und ziehen lassen.
3. Avocado schälen und halbieren, Stein herauslösen. Fruchtfleisch würfeln. Wassermelone von der Schale befreien und ebenfalls würfeln. Auf Teller anrichten. Marinierte Garnelen mit Sauce darüber verteilen.

Tipp: Doppelte Menge zubereiten und als Hauptspeise verwenden.

Variation: Gebratene oder gegrillte Hühnerbrüstchen-Würfel anstatt Garnelen verwenden.

FRÜHLINGSZWIEBEL-GURKENSALAT MIT FRIKADELLEN

2 Personen

Frühlingszwiebel-Gurkensalat:

1 Salatgurke
2 bis 3 Frühlingszwiebeln
1 kleines Stück Chilischote, frisch
1 TL Petersilie, gekraust
3 EL Essig
3 EL Olivenöl
Salz

Hackfleischfrikadellen:

1 Schalotte
etwas Petersilie, glatt oder gekraust
1 Karotte, klein
1 Lauch, klein (oder 1 Zucchino)
400 g Hackfleisch
1 Ei
Salz und wenig Pfeffer
2 EL Oliven-, Kokosöl oder Ghee

Vor- und Zubereitung: 35 Minuten

1 Gurke längs halbieren und entkernen. Gurkenhälfte und Zwiebeln ohne Grün in Scheiben schneiden.
2 Chili entkernen, mit kaltem Wasser abbrausen (um den Schoten die gröbste Schärfe zu nehmen) und mit Petersilie fein hacken. Alles vermengen und würzen. Ziehen lassen.
3 Für die Frikadellen Schalotte und Petersilie fein hacken. Karotte schälen, grobfasrige Teile beim Lauch entfernen (oder Zucchino beidseitig kappen) und Gemüse fein raspeln. Hackfleisch und Ei dazu geben und mit Salz und Pfeffer abschmecken. Gut kneten, bis eine kompakte Masse entsteht. Handgroße Frikadellen formen.
4 Frikadellen im Bratfett auf beiden Seiten anbraten. Erst wenden, wenn sich eine dünne Kruste gebildet hat. Anschließend zugedeckt bei mittlerer Hitze fertig braten.

Variationen: Für Frikadellen eine andere Gemüsekombination verwenden (Süßkartoffeln, Kohlrabi, im Herbst eignet sich Kürbis sehr gut usw.). Zusätzlich mit wenig Paprikapulver und einer Prise Cayennepfeffer würzen.

Frikadellen mit Tomatensauce: Eine geschälte Knoblauchzehe und ein paar Basilikumblätter in etwas Olivenöl ganz kurz andünsten (Knoblauch darf nicht braun werden). 400 g passierte Tomaten zugeben. Salzen und Sauce etwa 15 Minuten zugedeckt köcheln lassen. Knoblauch entfernen. Sauce zu Frikadellen servieren.

Frikadellen in Tomatensauce: In einer weiten Bratpfanne 800 g passierte Tomaten in etwas Olivenöl erwärmen, wenig Oregano (frisch oder getrocknet) und Salz zugeben. Etwa 15 Minuten zugedeckt köcheln lassen. Rohe Frikadellen rein stellen und zugedeckt ziehen lassen. Zwischendurch wenden.

FRÜHLINGSZWIEBEL-KAROTTEN-OMELETTE

2 Personen

2 Frühlingszwiebeln
4 Karotten
2 EL Oliven- oder Kokosöl
1 Handvoll Sprossen (nach Belieben)
1 Handvoll Kernenmix (Sonnenblumen, Kürbis etc.)
Salz und Pfeffer
4 Eier
1 EL Mineralwasser mit Kohlensäure

Vor- und Zubereitung: 25 Minuten

1 Zwiebeln ohne Grün in dünne Ringe schneiden. Karotten schälen und in dünne Scheiben hobeln. Öl in Bratpfanne (Durchmesser 28 cm) erhitzen und Gemüse unter ständigem Rühren etwa 4 Minuten andünsten. Sprossen und die Hälfte der Kerne kurz mitdünsten. Mit wenig Salz und Pfeffer würzen.
2 Inzwischen Eier mit dem Mineralwasser und wenig Salz verquirlen. Eimasse dazu geben. Vermengen und etwas flach drücken. Wenn sich die Omelette löst (mit Kochlöffel vom Pfannenrand zuerst lösen) und etwas braun gebraten ist (durch leichtes Anheben feststellen), auf einen flachen Teller oder flachen großen Deckel gleiten lassen, wenden und die zweite Seite braten, dabei Pfanne mehrmals hin und her bewegen. Außen sollte die Omelette leicht gebräunt sein, aber innen noch feucht. Lauwarm servieren.
3 Mit den restlichen Kernen bestreuen.

Tipps: Einen grünen Salat dazu servieren.
Etwas Zwiebelgrün in dünne Ringe schneiden und Omelette damit bestreuen.
Schmeckt am nächsten Tag auch kalt (mit etwas Gemüse oder Salat dazu). Geeignet zum Mitnehmen.

GRÜNE BOHNEN NIZZA MIT ENTENBRUST

2 Personen

500 g grüne Bohnen
2 Entenbrüstchen
Salz und Pfeffer
250 g Cherrytomaten
12 schwarze Oliven (z.B. Kalamata)
4 Basilikumblätter
4 EL Olivenöl
4 Sardellenfilets

Vor- und Zubereitung: 30 Minuten
Backofen vorheizen: 220°C
Backen: 20 bis 25 Minuten (Mitte Backofen)

1 Wenig Wasser aufkochen. Die Enden der Bohnen abschneiden und etwa 10 Minuten offen garen (oder im Steamer/Dampf zubereiten). Sie sollten noch leicht Biss haben, aber keinesfalls roh sein. Abseihen und in eine Gratinform legen.

2 Die Haut der Brüstchen mit einem scharfen Messer etwa drei Male schräg einritzen. Mit der Hautseite nach unten in eine kalte Bratpfanne legen und die andere Seite mit Salz und Pfeffer würzen. Bei mittlerer Hitze von beiden Seiten gut anbraten. Mit der Hautseite nach oben in ein Bratgeschirr legen, Haut würzen und 10 Minuten offen im Backofen backen.

3 Inzwischen Tomaten halbieren und mit Oliven und Basilikum zu den Bohnen geben. Mit Salz, Pfeffer und Olivenöl vorsichtig vermengen. Sardellenfilets kalt abbrausen, abtropfen lassen. Auf den grünen Bohnen und Tomatenhälften verteilen.

4 Gratinform mit Gemüse ebenfalls in den Ofen geben und alles nochmals 10 bis 15 Minuten offen backen. Entenbrust sollte innen rosa sein.

Tipp: Doppelte Menge Grüne Bohnen zubereiten und kühl stellen (diese Menge sollte aber gut durchgegart sein). Am nächsten Tag für einen Bohnen-Salat (mit einer Sauce aus Essig, Olivenöl, Salz, wenig Pfeffer und – wer mag – 1 gepresste Knoblauchzehe) verwenden.

IMAM BAYILDI

2 Personen

2 Auberginen, groß
Salz
Olivenöl

Füllung:
1 Zucchino
1 rote Paprikaschote
1 Lauchstange
wenig Petersilie, glatt oder ein paar Basilikumblätter
1 Zwiebel
Olivenöl
200 g bis 300 g passierte Tomaten
Salz und Pfeffer
1 Prise Chilipulver

Türkisches Gericht: Der Legende nach soll ein Imam (Vorbeter) ob des überaus köstlichen Geschmacks vor Entzücken in Ohnmacht gefallen sein, als er es zum ersten Mal probierte – daher auch der Name des Rezeptes.

Vor- und Zubereitung: 15 Minuten
Backofen vorheizen: 220°C
Backen: 40 Minuten (Mitte Backofen)

1. Auberginen der Länge nach vom Stielansatz her vier- bis sechsmal in einer Breite von ungefähr einem Zentimeter schälen, so dass sie gestreift aussehen. Stielansatz entfernen, Früchte längs halbieren und Fruchtfleisch längs ein paar Male tief einritzen.
2. Auberginenhälften mit der Vertiefung nach oben auf ein mit Backpapier ausgelegtes Blech stellen. Fruchtfleisch mit wenig Salz würzen. Etwas Olivenöl darüber träufeln und in den Ofen schieben.
3. Inzwischen Zucchino beidseitig kappen. Paprika entkernen, Stielansatz und weiße Rippen entfernen. Grobfasrige Teile beim Lauch entfernen. Zucchino, Paprika und Lauch würfeln oder klein schneiden. Petersilie fein hacken bzw. Basilikum zerzupfen.
4. Zwiebel grob hacken und in wenig Olivenöl andünsten. Gewürfeltes Gemüse und Kräuter mit Tomatensauce zugeben. Mit etwas Salz und Pfeffer würzen und zugedeckt bei mittlerer Hitze kurz garen. Mit Chili abschmecken.
5. Füllung über und in die Rillen der Auberginen verteilen und weiter backen, bis das Fruchtfleisch weich ist. Vor dem Servieren mit etwas Olivenöl beträufeln.

Variationen: Ein kalt abgespültes und klein gewürfeltes Sardellenfilet unter Füllung mischen und dafür Chili weglassen.

Karni Yarik ist ein anderes, ganz ähnliches türkisches Gericht: Die Füllung enthält zusätzlich Hackfleisch (dieses mit der Zwiebel andünsten).

TINTENFISCHSALAT ALL'ITALIANA

2 Personen

Salz
1 kg Tintenfische (küchenfertig), frisch oder tiefgekühlt

Vinaigrette:
2 Knoblauchzehen
1 EL Petersilie, glatt
1 zarte Selleriestange
½ Zitrone
2 bis 3 EL Essig
2 bis 3 EL Olivenöl
Salz und Pfeffer

Vor- und Zubereitung: 20 Minuten
Garen: etwa 1 Stunde
Tintenfische auftauen lassen

1 Wasser mit wenig Salz aufkochen.
2 Tintenfische kalt abbrausen und ins siedende Wasser geben (sollten knapp bedeckt sein). Bei schwacher Hitze zugedeckt weich garen (Test: sollten sich mit Gabel leicht einstechen lassen). Abseihen und eventuell schwarze Haut etwas entfernen (am besten gelingt es, wenn man den gekochten Tintenfisch unter fließendem Wasser mit der Hand leicht abreibt). In gleichmäßige Stücke schneiden.
3 Für die Vinaigrette Knoblauch und Petersilie fein hacken. Selleriestange ohne Grün längs halbieren und in dünne Scheiben schneiden. Mit Zitronensaft, Essig und Olivenöl zu den Tintenfischstücken geben und alles vermengen. Abschmecken. Lauwarm servieren oder über Nacht im Kühlschrank zugedeckt ziehen lassen. Eventuell nochmals nachwürzen und zimmerwarm servieren.

ZUCCHINI MIT GEMÜSE GEFÜLLT

2 Personen

Vor- und Zubereitung: 15 Minuten
Backofen vorheizen: 240°C
Backen: 30 Minuten (Mitte Backofen)

2 Zucchini, groß
Salz

Füllung:
2 Karotten
1 Knoblauchzehe
1 TL Petersilie, glatt
Salz und Pfeffer
4 EL Olivenöl

1 Zucchini längs halbieren (Enden dran lassen). Mit einem Teelöffel etwas aushöhlen. Fruchtfleisch grob hacken und beiseite stellen. Zucchini mit der Vertiefung nach oben auf ein mit Backpapier ausgelegtes Blech legen und Fruchtfleisch mit etwas Salz würzen.
2 Karotten schälen und fein raspeln. Knoblauch dazu pressen. Petersilie fein hacken. Alles mit dem gehackten Zucchini-Fruchtfleisch vermengen. Würzen und Zucchinivertiefungen damit auffüllen.
3 Olivenöl über Füllung träufeln und im Ofen backen.

Tipp: Geeignet zum Mitnehmen (kalt).

ZUCCHINI-NUDELN MIT HUHN AN BASILIKUMPESTO

2 Personen

2 Hähnchenbrüste
3 Zucchini
4 EL Oliven- oder Kokosöl
Salz und Pfeffer

Basilikumpesto:
30 g oder 80 bis 90 Basilikumblätter
15 g Pinienkerne
3 Knoblauchzehen, klein
0,5 dl Olivenöl
Salz

Vor- und Zubereitung: 30 Minuten

1 Huhn in Würfel schneiden.
2 Zucchini beidseitig kappen. Mit Gemüsetwister, Sparschäler oder von Hand längs in sehr dünne „Nudeln" schneiden.
3 Für den Pesto Basilikum, Pinienkerne (für einen intensiveren Geschmack ohne Fettzugabe rösten), Knoblauch, Olivenöl und wenig Salz zu einer dickflüssigen Paste pürieren.
4 Huhn in 2 Esslöffel Öl gut anbraten, würzen. Aus der Pfanne nehmen und zugedeckt beiseite stellen. 2 Esslöffel Öl in derselben Pfanne gießen, Zucchininudeln zugeben und anbraten. Hitze reduzieren und zugedeckt knapp weich garen. Würzen. Hühnerwürfel wieder zugeben und 1 Esslöffel Pesto (oder nach Belieben) unterrühren. Anrichten und restlichen Pesto dazu servieren.

Tipps: Übrig gebliebener Basilikumpesto kann portionenweise in Eiswürfelschalen oder Mini-Gugelhöpfli-Formen tiefgekühlt werden. Kann zum Garnieren von Suppen (Minestrone, Karotten-, Kürbis-, Süsskartoffelsuppen), zu gedünsteten Tomaten oder Pilzen beigegeben oder zu Fleisch serviert werden. Zucchini können auch im Steamer/Dampf gegart werden.

Variationen

Zucchini-Spaghetti: Zucchini mit Gemüsetwister, Julienne-Schneider oder von Hand in „Spaghetti" schneiden und kurz anbraten oder im Steamer/Dampf garen. Als Variation: Zucchini und Karotten zusammen verwenden.
Sauce Bolognese: 1 Kg Hackfleisch in etwas Olivenöl anbraten, gehackte Zwiebel, klein gewürfelte Karotte und eine Stange Sellerie in dünne Scheiben mitdünsten. Etwas

salzen. 1 ½ Kg passierte Tomaten mit 4 Basilikumblättern zugeben und mit Salz würzen (nicht zu würzig, weil die Sauce noch einkocht). Wenig getrocknete Chiliflocken untermischen. Alles zugedeckt 1 Stunde bei kleiner Hitze köcheln lassen. Reste lassen sich gut tiefkühlen. Anstatt Karotte und Sellerie können Sie eine klein gewürfelte und in Olivenöl angebratene Aubergine untermischen.

Schnelle Tomatensauce: 1 geschälte Knoblauchzehe mit 3 Basilikumblättern ganz kurz in etwas Olivenöl andünsten. 400 g passierte Tomaten zugeben. Mit etwas Salz abschmecken und zugedeckt etwa 15 Minuten köcheln lassen. Knoblauch entfernen.

Leckere Tomatensauce mit Hühnerflügel: 4 bis 6 Hühnerflügel im Öl anbraten. Wenig salzen. 1 gehackte Zwiebel, 400 g passierte Tomaten und etwas Basilikum zugeben. Mit etwas Salz abschmecken und zugedeckt etwa 30 bis 40 Minuten köcheln lassen. Hühnerflügelfleisch mit etwas Sauce durch Passe-Vite drehen/die Kartoffelpresse drücken und unter die restliche Sauce mischen.

Zucchini-Nudeln, Gehacktes und Apfelmus: Zucchini-Nudeln gemäß oben zubereiten.

Gehacktes: 300 g Hackfleisch in wenig Öl anbraten, eine gehackte Zwiebel mit andünsten. 1 bis 2 dl Brühe (Gemüse oder Fleisch) und eine Prise getrocknete italienische Kräuter zugeben. Zugedeckt bei kleiner Hitze 15 Minuten köcheln lassen. Mit Salz und Pfeffer abschmecken.

Apfelmus: 6 bis 8 süße Äpfel entkernen und in Schnitze schneiden. Mit wenig Wasser (Boden sollte immer befeuchtet sein) und etwas Zimt oder Lebkuchengewürz aufkochen und zugedeckt bei kleiner Hitze weich garen. Durch Passe-Vite drehen/die Kartoffelpresse drücken oder pürieren. Wer möchte, kann wenig Honig untermischen. Gehacktes und Apfelmus passt übrigens auch sehr gut zu gedämpften Kohlrabischeiben.

SÜSSES
EISCRÈME

ca. 10 Kugeln / 5 Portionen

Grundrezept:
125 g Butter
125 g Kokosöl
1 Vanilleschote
4 Eier
4 x Eigelb
3 EL Honig
1 Spritzer Zitronensaft
ca. 100 ml Wasser (je nach gewünschter Konsistenz)

Vor- und Zubereitung: 15 Minuten (Mischung)
Eismaschine: 45 Minuten
Tiefkühlen: 1 Stunde

1 Die Butter und das Kokosöl in einem kleinen Topf leicht erhitzen, bis sie flüssig, aber nicht zu warm sind. Vanilleschote längs halbieren, Mark herauskratzen. Mit allen anderen Zutaten in einen Mixer geben. Im Mixer zerkleinern, bis eine glatte, cremige und homogene Masse entsteht.
2 Die Masse in einer Eismaschine zu Eis rühren. Die Eiscreme in ein Gefäß umfüllen und im Eiswürfelfach/Tiefkühlgerät zu Ende kühlen.
3 Etwa 10 Minuten vor dem Servieren die Eiscreme aus dem Tiefkühlfach nehmen, damit sie nicht zu hart ist.

Variationen: Anstatt Wasser 300 g Beeren (z.B. Waldbeeren, Himbeeren, Erdbeeren) beimischen.
Für Schokoladeneis: 3 Esslöffel 100 %-iges Kakaopulver und 1 zusätzlichen Esslöffel Honig dazugeben.

Tipps: Eine Eismaschine mit eingebautem Kompressor (z.B. von Unold) ist zwar etwas teurer, liefert aber bessere Ergebnisse und läuft zuverlässiger. Das Rezept kann aber auch mit günstigeren Eismaschinen, die einen Kühlakku verwenden benutzt werden. Dazu sollte man allenfalls die Menge auf zwei Kühlgänge aufteilen. Es ist wichtig, dass die Masse beim Einfüllen in die Eismaschine vollständig flüssig ist. Kokosöl und Butter neigen dazu, bei Zimmertemperatur fest zu werden, daher ist es nötig, sie im ersten Schritt zu schmelzen. Wenn Sie Früchtereste haben und sie diese nicht länger lagern können, empfehlen wir ein Sorbet damit herzustellen: Früchte über Nacht einfrieren. Anschließend mit etwas Zitronensaft – und je nach Frucht wenig Wasser – in einem Mixer zerkleinern.

FRAPPÉ

2 Personen

Vor- und Zubereitung: 10 Minuten

1 Vanilleschote
1 Handvoll Beeren (z.B. Himbeeren oder süße Erdbeeren mit Heidelbeeren)
1 reife Banane
3 bis 4 dl Kokosmilch
½ EL Honig
1 Ei (sehr frische Bio-Qualität)

1 Vanilleschote längs halbieren, Mark herauskratzen.
2 Mit den Früchten, der Kokosmilch und dem Honig in einen Mixer geben. Bis zur gewünschten Konsistenz zerkleinern.
3 Ei dazu geben und nur noch kurz mixen.

Tipp: Kurz kühl stellen. Bei längerer Kühlung (1 Stunde und mehr) entsteht eine leckere Creme.

PANCAKES MIT BEEREN

4 Personen

1 Kochbanane (grün) oder Kochbanenenmehl als Ersatz
5 Eier
1 TL Backpulver (z.B. Weinstein)
1 bis 2 EL Kokosöl oder Ghee
Beeren (nach Belieben)

Vor- und Zubereitung: 5 Minuten
Braten: ca. 5 Minuten pro Pancake

1 Banane schälen und mit Eiern und Backpulver zu einem flüssigen Teig pürieren/mixen.
2 Etwas Bratfett in einer kleinen Bratpfanne (Durchmesser ca. 20 cm) bei mittlerer Hitze schmelzen und warten, bis die Pfanne gut durch erhitzt ist.
3 ¼ des Teiges hineingeben, der Teig sollte leicht zischen. Bei offener Pfanne ca. 2 bis 3 Minuten backen, dabei Pfanne mehrmals hin und her bewegen. Wenn sich das Pancake löst (mit Kochlöffel zuerst vom Pfannenrand lösen) und etwas braun gebraten ist (durch leichtes Anheben feststellen), auf einen flachen Teller oder flachen großen Deckel gleiten lassen, wenden und die zweite Seite bei reduzierter Hitze fertig braten. Außen sollte der Pancake leicht gebräunt sein, aber innen noch feucht.
4 Mit Beeren garnieren und lauwarm servieren.

Tipps: Falls der Teig nicht stabil genug sein sollte, kann man mit 1 Esslöffel Kartoffelmehl nachhelfen. Nicht streng Paleo, aber vertretbar.
Zwei Pfannen verwenden und zwei Pancakes gleichzeitig braten.
Beeren etwas erhitzen und dazu servieren.
Mit etwas Butter, Ahornsirup oder Honig servieren.

Teig-Variationen

Es gibt viele Variationen für den Teig. Fast immer kann man Eier mit stärkehaltigen oder mehligen Zutaten oder gemahlenen Nüssen kombinieren:

- 3 Esslöffel Kokosmus, 5 Eier und 1 Teelöffel Backpulver
- 1 Banane, 1 Esslöffel Kokosmehl und 5 Eier
- 1 Handvoll Macadamia-Nüsse, 1 Esslöffel Kartoffelmehl und 5 Eier

MANGO-BEEREN-NUSS-PARFAIT

4 Personen

150 g geschälte Mandeln oder Cashewnüsse
100 g Mangoschnitze, getrocknet
1 bis 2 EL Honig
1 dl Wasser, Kokoswasser oder Kokosmilch
1 Zitrone, unbehandelt
1 reife Mango
2 Handvoll Heidelbeeren
2 Handvoll Himbeeren
1 Handvoll Mandelsplitter

Vor- und Zubereitung: 30 Minuten
Ziehen lassen: 2 Stunden

1 Nüsse und getrocknete Mango separat in lauwarmes Wasser einlegen und 2 Stunden ziehen lassen. Abseihen.
2 Mango im Mixer sehr fein zu einer Creme verarbeiten. Beiseite stellen. Nüsse im Mixer klein hacken. Zu den zerkleinerten Nüssen Honig und Flüssigkeit beigeben, Schale der Zitrone darüber reiben (nur gelber Teil) und alles zu einer Paste vermengen.
3 Mango schälen. Das Fruchtfleisch würfeln und mit Heidelbeeren in 4 breite Gläser verteilen. Anschließend Nusspaste und danach eine Lage Himbeeren darüber.
4 Pürierte Mangomasse als Topping darauf legen. Mandelsplitter ohne Fettzugabe rösten und Dessert damit dekorieren.

Variationen: Das Dessert kann nach Belieben abgeändert werden.
Topping: Anstatt getrocknete Mangoschnitze können Sie eine frische Mangofrucht pürieren und als Topping verwenden.

Andere Früchte: Für den Boden z.B. Pflaumen-, Pfirsich- oder andere Fruchtwürfel verwenden. Frische Aprikosenwürfel passen z.B. zu einem Topping aus ungeschwefelten, getrockneten, eingeweichten und pürierten Aprikosen.

IDEEN FÜR DEN GRILLSOMMER

Die Tage werden länger und die Abende laden mit ihren angenehmen Temperaturen zum Verweilen auf der Terrasse oder dem Garten ein. Grillen ist eine beliebte Freizeitbeschäftigung, besonders im Sommer.

Mit den richtigen Rezepten und etwas Fantasie wird auch Ihre Grillparty ein gesunder Erfolg. Was seit der Entdeckung des Feuers zu den Gaumenfreuden der Menschheit zählt ist allerdings nur dann ein Genuss ohne Reue, wenn man einige wichtige Regeln beachtet: Insgesamt gilt fürs Grillen von Fleisch: Je schonender, desto gesünder. Die amerikanische Variante des „Barbecue“ bei mittlerer, indirekter Hitze soll gesundheitsverträglicher sein als kurzes, scharfes Angrillen über offenem Feuer. Schwarze Stellen sollte man abschneiden. Auch soll das Tropfen von Fett aus Fleisch oder Marinade in die Glut oder Heizschlange des Elektrogrills vermieden werden.

Pilze

Austernpilze, Champignons und Shiitake sind keine typischen Herbstpilze, sondern sind das ganze Jahr über erhältlich. Gegrillt schmecken sie einfach wunderbar. In einem hübschen Teller und mit frischen Kräutern garniert, stellen sie auch einen Hingucker auf dem Gartentisch dar:

- Pilze putzen und kurz marinieren. Alles in einer Grillschale garen.
- **Marinade Knoblauch-Kräuter:** gehackte glatte Petersilie mit fein gehacktem Knoblauch, Olivenöl und etwas Salz vermengen.
- **Marinade Balsamico-Honig**: etwas Balsamico mit wenig Wasser, Honig, einer gepressten Knoblauchzehe, Olivenöl, Salz und einer Prise Cayennepfeffer vermengen.
- Große Champignonhüte eignen sich übrigens gut für einen **Pilz-Burger**: Champignonhüte mit wenig Olivenöl einpinseln, würzen und grillen. Nach Belieben z.B. mit einem Tomatenring, Zwiebelringen und Salat belegen und mit dem zweiten Champignonhut abschließen.

Heiße Früchtchen als Nachspeise

Haben Sie es auch mal mit gegrillten Früchten probiert? Ganz neue Aromen entstehen, wenn Sie Mango, Papaya, Wassermelone und andere Früchte grillen:

- **Ananasscheiben** mit Schale oder ungeschälte Pfirsichhälften mit etwas Honig bestreichen und wenig Pfeffer würzen, bevor sie auf den Grill landen.
- **Grillbanane**: Die ungeschälte, halb aufgeschnittene Banane mit etwas schwarzer Schokolade (Kakaoanteil 85 % oder mehr) füllen, in Aluminiumpapier wickeln und von beiden Seiten grillen.
- **Wassermelone** in 1,5 bis 2 cm dicke Scheiben schneiden. Ohne zu würzen auf den Grill legen. Je länger diese gegrillt werden, desto intensiver wird der Geschmack.
- **Obstspieße** (z.B. Äpfel, Birnen, Mango, Nektarinen, Papaya) vor dem Grillen z.B. mit etwas Ingwer-Butter bestreichen oder anschließend mit Basilikum (Olivenöl mit gewürfelter Schalotte, Basilikumstreifen, Zitronensaft, ein paar grob gehackten Pinienkernen, wenig Salz und Pfeffer ziehen lassen) beträufeln.
- **Äpfel gedämpft**: Apfel schälen, Kerngehäuse mit Ausstecher entfernen und auf etwas Alufolie (groß genug zum Einpacken) stellen. Eine Himbeere in die Apfelöffnung hineinstecken. Mit einem kleinen Löffel gemahlene Haselnüsse bis zur Mitte einfüllen. Nochmals eine Himbeere hineinlegen. Mit gemahlenen Haselnüssen füllen und eine Himbeere daraufsetzen. Etwas andrücken. Einen Teelöffel Butter oben auf die Himbeeren legen, einpacken und grillen.

GEMISCHTES GEMÜSE

2 Personen

Vor- und Zubereitung: 30 Minuten

1 Aubergine
Salz
2 Zucchini
2 Paprikaschoten (Farbe nach Belieben)
Olivenöl
2 Zweige Cherrytomaten
1 EL Petersilie, glatt
1 Knoblauchzehe

1 Aubergine beidseitig kappen. Gemüsefrucht längs in 4 mm bis 5 mm dicke Scheiben schneiden. Eine Seite mit Salz leicht würzen. Auf schräg gestelltem großen Teller oder in Pastasieb etwa 10 Minuten abtropfen lassen. Abschütteln.
2 Zucchini längs in dünne Scheiben schneiden. Paprika entkernen, Stielansatz und weiße Rippen entfernen und Paprika in Streifen schneiden. Mit Olivenöl bestreichen und bei mittelstarker Hitze grillen. Zucchinischeiben, Paprikastreifen und Cherrytomaten salzen.
3 Petersilie und Knoblauch hacken. Mit 2 dl Olivenöl vermengen. Gegrilltes Gemüse damit beträufeln.

Variationen: Mit Basilikumpesto würzen und/oder gerösteten Pinienkernen bestreuen.
Gemüse in der Grillpfanne oder im Ofen braten.
Passt gut zu „Lammracks Dessa" (auf Seite 115).

FLEISCH – DER KLASSIKER DER GRILLSAISON

Gewürzbutter zu Fleisch oder Fisch ist immer beliebt. Es gibt mittlerweile in vielen Gewürz- oder Reformläden leckere Mischungen ohne Zusätze, welche man in weiche Butter (100 Gramm reichen für 4 bis 6 Personen) reinmachen und tiefkühlen kann:

- alle Zutaten mit einer Gabel vermengen
- in Klarsichtfolie einwickeln und zu einer Rolle formen
- im Tiefkühler fest werden lassen oder portionenweise in Eiswürfelschalen oder Mini-Gugelhöpfli-Formen füllen und mindestens 30 Minuten tiefkühlen
- wird die Gewürz-Butter zu nieder gegartem oder dünn geschnittenem Fleisch oder Fisch serviert, sollte sie zuerst Raumtemperatur annehmen
- wenn man frische Zutaten verwendet, so sind wenig Zitronensaft, gepresste Knoblauchzehen, geriebener Ingwer oder Ingwerpulver, gehackte frische Kräuter (Dill eignet sich gut für Fischspeisen), Sprossen oder Kerne, allenfalls etwas Curry- oder Paprikapulver immer geeignet

LAMMRACKS DESSA AN WÜRZSAUCE

2 Personen

Vor- und Zubereitung: 30 Minuten
Marinieren: ein paar Stunden oder über Nacht
Fleisch 1 Stunde vor dem Grillen aus dem Kühlschrank nehmen

8 Lammracks am Stück

Marinade:
je 1 TL Thymian und Rosmarinnadeln
Olivenöl
Salz
Pfeffer

Würzsauce:
½ Salatgurke
1 Tomate
¼ Chilischote, frisch
2 Frühlingszwiebeln
2 EL Petersilie, gekraust
1 EL Olivenöl
1 EL Zitronen- oder Limettensaft
wenig Balsamico-Essig
Salz

1 Für die Marinade Kräuter fein hacken. Mit Olivenöl, Salz und Pfeffer vermengen. Lammracks damit einstreichen und zugedeckt kühl stellen.
2 Für die Würzsauce Gurke schälen und entkernen. Tomate halbieren, Stielansatz entfernen und Tomate entkernen. Chili entkernen und mit Frühlingszwiebeln ohne Grün, Petersilie, Gurken- und Tomaten-Fruchtfleisch zusammen klein mixen. Mit Olivenöl, Zitronen- oder Limettensaft, Balsamico-Essig und Salz verfeinern.
3 Fleisch auf dem Grill braten. Zwischen den Knochen auseinander schneiden und einzelne Lammracks nochmals kurz auf beiden Seiten grillen. Das Fleisch sollte innen noch rosa sein. Mit Würzsauce garnieren.

Tipp: Nach dem Anbraten im vorgewärmten Ofen und warmer Platte bei 80°C nieder garen (ca. 1 Std., Kerntemperatur des Fleisches sollte 55°C betragen).

Beilagen-Tipp: Grüner Salat. Salatdressing: Essig und Olivenöl je zu gleichen Teilen, 1 Esslöffel getrockneter „italienischer Kräuter-Mix“, 1 Teelöffel Senf (ohne Zucker), 1 bis 2 gepresste Knoblauchzehen und Salz gut vermischen. Wer mag, kann auch eine halbe Avocado zerdrücken und unterheben. Auch etwas geriebene Zitronen- oder Orangenschale passt in die Sauce.

RIB-EYE MARINIERT AN EL-PASO-SALSA

2 Personen

2 Rindshohrückensteaks (je etwa 200 g)
Salz

Marinade:
2 Knoblauchzehen
2 Limetten
1 EL Olivenöl
1 TL Oregano, frisch

El-Paso-Salsa:
2 aromatische Tomaten
½ rote Zwiebel
1 EL Petersilie, gekraust
1 Knoblauchzehe
½ Limette
Salz und Pfeffer

Vor- und Zubereitung: 20 Minuten
Marinieren: 1 Stunde
Fleisch 1 Stunde vor dem Grillen aus dem Kühlschrank nehmen

1 Für die Marinade Knoblauch pressen und mit Limettensaft, Olivenöl und Oregano vermengen. Rindshohrückensteaks darin wenden und zugedeckt im Kühlschrank marinieren.
2 Inzwischen für die Salsa Tomaten halbieren, Stielansatz entfernen, Tomaten entkernen und Fruchtfleisch würfeln. Zwiebel und Petersilie fein hacken und Knoblauch dazu pressen. Mit Limettensaft verfeinern und würzen.
3 Fleisch aus der Marinade heben und grillen. Mit Salz würzen und El-Paso-Salsa darauf anrichten.

Tipp: El-Paso-Salsa als Salatbeilage für andere Gerichte verwenden (eventuell doppelte Menge zubereiten).

RINDS-SATAY

2 Personen

Vor- und Zubereitung: 15 Minuten
Marinieren: 1 Stunde

400 g Rindsschnitzel à la Minute, sehr dünn geschnitten

Salz

Marinade:

½ Chilischote, frisch

1 Knoblauchzehe

1 Stück Ingwer, daumengroß

6 EL Olivenöl

1 Für die Marinade Chili entkernen und mit Knoblauch fein hacken. Ingwer schälen und fein reiben. Olivenöl dazugeben und vermengen.
2 Fleisch in ca. 2,5 cm breite Streifen schneiden, der Länge nach wellenförmig auf feuerfeste Spieße stecken. Fleisch mit Marinade bestreichen und zugedeckt im Kühlschrank marinieren.
3 Marinade etwas abstreifen und auf jeder Seite 1 bis 2 Minuten grillen. Mit Salz würzen.

Passt dazu: Radieschen-Salsa. 2 Bund Radieschen, fein geraspelt, mit Saft von 1 Zitrone oder 2 Limetten und etwas Salz und Pfeffer gewürzt.

SPARE RIBS

2 Personen

600 bis 700 g Spare Ribs (4 bis 5 Stücke)

Marinade:
½ Zwiebel
8 EL Olivenöl
1 Prise Basilikumpulver
1 TL Paprikapulver
½ TL Senfpulver
½ TL Cayennepfeffer
Salz

Vor- und Zubereitung: 20 Minuten
Fleisch 30 Minuten vor dem Grillen aus dem Kühlschrank nehmen

1 Für die Marinade Zwiebel fein hacken. Mit den restlichen Zutaten vermengen und Fleisch damit bestreichen.
2 Marinierte Spare Ribs grillen.

Passen dazu:

Grüne Chimichurri-Salsa
4 Frühlingszwiebeln, mit dem hellgrünen Teil gehackt
¼ Chilischote frisch, entkernt, kalt abgebraust und fein gehackt
2 Knoblauchzehen, fein gehackt
je 1 EL frischen Oregano, gekrauste Petersilie und Koriander
1 EL Zitronensaft
2 EL Essig
1 dl Olivenöl
Salz und Pfeffer
Alles vermengen und zugedeckt mindestens 2 Stunden im Kühlschrank ziehen lassen.

Rote Chimichurri-Salsa
1 rote Paprikaschote, entkernt, weiße Rippen entfernt, fein gehackt
3 EL Petersilie, glatt, fein gehackt
5 Knoblauchzehen, fein gehackt
1 TL Oregano, frisch, fein gehackt
1 EL Essig
1 dl Olivenöl
Salz und Pfeffer
Alles vermengen.

Fische und Meeresfüchte

FISCH-SPIESSE

Vor- und Zubereitung: 20 Minuten
Marinieren: 2 Stunden

1 Fisch kalt abbrausen, mit Küchenpapier abtupfen. In etwa 3 cm große Würfel schneiden.
2 Für die Marinade Oregano fein hacken und Knoblauch dazu pressen. Mit Olivenöl, Paprikapulver und Pfeffer verrühren. Fisch damit marinieren und zugedeckt in den Kühlschrank stellen.
3 Paprika entkernen, Stielansatz und weiße Rippen entfernen und in etwa 3 cm große Würfel schneiden. Geschälte Zwiebeln achteln und mit Fisch- und Paprikawürfel abwechslungsweise auf Spieße stecken. Würzen und grillen.

Dazu passt: Frühlingszwiebel-Dressing. 3 Frühlingszwiebeln (ohne Grün), 1 Handvoll glatte Petersilie und ein kleines Stück entkernte Chilischote fein hacken. Saft von einer ½ Zitrone dazu pressen und mit 4 Esslöffel Olivenöl, 1 Esslöffel Essig und Salz abschmecken.

2 Personen

400 g Schwert-, Thunfisch und/oder Seeteufel
2 Paprikaschoten (Farbe nach Belieben)
1 bis 2 Zwiebeln
Spieße, feuerfest
Salz und Pfeffer
wenig Olivenöl

Marinade:
1 EL Oregano
1 Knoblauchzehe
½ dl Olivenöl
wenig Paprikapulver, süß
wenig Pfeffer

GRILL-GARNELEN „BUTTERFLY“

2 Personen

500 g bis 600 g (oder 6 bis 8 Stück) große Garnelen, roh mit Panzer
Salz
1 Zitrone

Marinade:
3 EL Petersilie, glatt
½ Chilischote, frisch
1 Stück Ingwer, daumengroß
1 Knoblauchzehe
5 EL Olivenöl
3 EL Zitronensaft

Vor- und Zubereitung: 15 Minuten
Marinieren: 1 Stunde

1 Allfällige Köpfe der Garnelen entfernen. Rückenpanzer mit einer Schere durchtrennen und Fischfleisch mit einem scharfen Messer bis zur Bauchhaut einschneiden. Panzer aufklappen („Butterfly“). Kalt abbrausen und dabei Darm entfernen. Mit Küchenpapier abtupfen.
2 Für die Marinade Petersilie klein schneiden, Chili entkernen und mit Ingwer und Knoblauch fein hacken. Alles mit Olivenöl und Zitronensaft in einer großen Form vermengen. Fischfleisch darin schwenken und mit Bauchseite nach oben zugedeckt 1 Stunde kühl stellen.
3 Fischfleisch mit Salz würzen und mit dem Fleisch nach unten grillen, dabei die Krustentiere ab und zu mit einer Kelle etwas herunterdrücken. Wenden und Schale kurz grillen.
4 Zitrone halbieren und dazu servieren.

Passen dazu:

Ananas-Fenchel-Sauce
2 Scheiben Ananas, frisch
2 Fenchelknollen (oder 2 Stangen Sellerie)
1 Schalotte
¼ Chilischote, frisch
1 Basilikumblatt
3 EL Zitronensaft
3 EL Olivenöl
Salz und Pfeffer

Ananasscheiben schälen. Fenchel längs vierteln, Strunkansatz entfernen (oder Selleriestangen ohne Grün). Beides klein würfeln. Schalotte und Chili fein hacken und Basilikum zerzupfen. Alles mit Zitronensaft und Olivenöl vermengen und würzen.

Kräuter-Sauce: 1 Handvoll gehackte gemischte Kräuter (Basilikum, Dill, glatte Petersilie, Schnittlauch etc.) mit geriebener Schale einer unbehandelten Zitrone, 4 Esslöffel Olivenöl, Salz und Pfeffer vermengen.

HERBST

Wahre Feinschmecker können den Herbst kaum erwarten. Die Saisonküche der „goldenen Jahreszeit" verspricht nämlich eine Fülle an Spezialitäten, die perfekt zu einem gemütlichen Abend und den kälter werdenden Tagen passen. Die vollen Aromen und satten Farben der Saisonküche beglücken dabei Auge und Gaumen zugleich und machen dadurch den Abschied vom Sommer nicht schwer. Zumal sich die herbstlichen Köstlichkeiten ganz wunderbar dazu anbieten, am eigenen Herd kreativ zu werden und den intensiven Geschmack der herbstlichen Saisonküche einzufangen.

Kürbis von sonnengelb bis knallorange, Chinakohl, Kohlrabi, Mangold/ Krautstiel, die sättigenden und glutenfreien Maronen/Kastanien, Pastinaken, Pilze, Rosenkohl, Rote Bete und Topinambur sind nur einige wenige Hits der herbstlichen Saisonküche. Die leicht bittere Endivie ist nur zu dieser Jahreszeit erhältlich. Ob auf der Suche nach Steinpilzen, Kräuterseitlingen oder Pfifferlingen – Pilzsammler lieben den Herbst. Doch auch wer nicht selbst „in die Pilze" gehen möchte, findet in den Herbstmonaten eine üppige Auswahl köstlicher „Hutträger". Die herbstlichen Waldbewohner passen perfekt zu Gemüse, Fisch und Fleisch, machen sich aber ebenso gut in Eierspeisen und Suppen oder als Pilzragout.

Äpfel, Birnen, Holunderbeeren, Quitten, Trauben und Zwetschgen sind erst im Herbst so richtig reif. Nüsse und duftende Gewürze passen perfekt in süße Leckereien.

Immer noch Saison haben Artischocke, Aubergine, Blumenkohl, Brokkoli, Fenchel, Frühlingszwiebel, Karotte, Kohlrabi, Lauch, Paprika, Radieschen, Sellerie (Stange und Knolle), Spitzkohl, Salatgurke (normalerweise bis Ende September), Tomaten und Zucchini. Wieder kommt Spinat und Chicorée – nach einer kurzen Sommerpause – aufs Parkett.

Glaubt man einer alten Weisheit, so darf man Muscheln nur in den Monaten mit „R" im Namen essen. Und der Blick auf den Kalender verrät: Es ist September bis April.

KENNEN SIE IHREN VITAMIN-D STATUS?

Vor der kalten und grauen Jahreszeit ist es Zeit sich um sein Vitamin D3 Status (häufig auch als Vitamin D abgekürzt) zu kümmern. Die meisten Wirbeltiere, einschließlich des Menschen, decken etwa 90 % ihres Vitamin D-Bedarfs durch Sonnenbestrahlung ihrer Haut.

Konnten wir während den Sommermonaten nicht genug Vitamin-D tanken und speichern, sind wir nicht gut gerüstet für die Wintermonate. Es ist in unseren Breiten wichtig zu wissen, dass der höchste UVB-Gehalt des Sonnenlichtes nur bei Sonnenhöchststand gegeben ist und wir nur bei möglichst viel unbedeckter Haut dieses auch tanken können. Auch bei schönem Wetter befinden wir uns deshalb in der Schweiz, Österreich und Deutschland und sowieso weiter nördlich im Vitamin-D-Winterloch.

Bis vor nicht langer Zeit wurde Vitamin D nur mit Knochengesundheit (Rachitis bei Kleinkindern und Osteoporose) in Verbindung gebracht. Dieses Bild hat sich mittlerweile – wie wir im Sommerkapitel – besprochen haben, massiv verändert. Da die Krankheitsbilder bei einem Mangel sehr diffus sein können, ist es am besten, wenn Sie bei chronischen Beschwerden aller Art eine Blutuntersuchung machen. Denn ohne eine Analyse tappt man im Dunkeln.

WIE KOMMT DER BÄR ZUM WINTERSPECK?

Ein schönes Beispiel dafür, warum wir uns saisonal ernähren sollten, liefert uns die Natur. Tiere essen naturgemäß saisonal, denn sie haben keinen Zugang zu Supermärkten. Statt dessen haben sie sich durch Evolution den saisonalen Schwankungen angepasst und das kann man bis hin zum Hormonhaushalt verfolgen.

Eines der prominentesten Hormone ist z.B. das Insulin – und das ist in der Tierwelt mit saisonalen Schwankungen verknüpft. Essen Tiere oder Menschen Kohlenhydrate, dann steigt der Blutzuckerspiegel und es wird Insulin ausgeschüttet. Insulin ist ein Speicherhormon: Es sagt den Körperzellen, dass sie Blutzucker (in Fett umgewandelt) und Fette aus der Nahrung speichern sollen – man nimmt zu.

In der Natur ist das Angebot an Kohlenhydraten saisonalen Schwankungen unterworfen: Im Herbst ist das Angebot am größten, denn hier verwöhnen Bäume und Büsche mit reifen Früchten und Beeren. Auch Nüsse enthalten neben Fett auch einen gewissen Anteil an Kohlenhydraten und auch sie haben im Herbst Saison. Gleichzeitig regt die Süße von Früchten dazu an, mehr zu essen als sonst: Fructose, also der Fruchtzucker hemmt das Sättigungsgefühl. Das Ergebnis: Im Herbst ist die Zeit für die Tiere gekommen, sich einen ordentlichen Winterspeck anzufressen: Bären, Igel und andere Winterschläfer essen zusätzlich zu ihrer normalen Ernährung leckere Beeren und Früchte, stimulieren damit ihren Appetit und ihre Fettspeicher-Zellen und legen damit ihre Wintervorräte im Körper an. Diese Vorräte werden im Winterschlaf und Winterstarre wieder abgebaut, wenn das Nahrungsangebot auf nahe Null herunter gesunken ist. Schlank und ausgezehrt geht im Frühling die Nahrungssuche wieder los, die im nächsten Herbst wieder einen Höhepunkt findet – der Zyklus geht von neuem los.

Für uns Menschen bedeutet das, dass unser Körper eine schwankende Nahrungsaufnahme sowohl bei der Menge als auch bei ihrer Zusammensetzung erwartet. Doch statt natürlichen Zyklen zu folgen, machen wir es umgekehrt: Menschen haben zu Weihnachten, also im Winter ihre höchste Kalorienaufnahme, um sich ein halbes Jahr später, kurz vor dem Urlaub noch per Crash-Diät schnell die Strandfigur zurück zu hungern. Gleichzeitig ist das Nahrungsangebot dank Lieferkette, Kühltruhe und Supermarkt so langweilig wie farblos: Gemüse aus dem Gewächshaus schmeckt nicht nur nach nichts, sondern es sind auch nicht viele Nährstoffe drin.

Machen Sie es so wie die Tiere und ernähren Sie sich wieder saisonal: Achten Sie auf regionale und saisonale Angebote im Markt oder im Supermarkt, bestellen Sie sich eine Ökokiste nach Hause oder informieren Sie sich, welche Zutaten gerade Saison haben. Damit holen Sie sich nicht nur mehr Abwechslung auf den Esstisch, sondern helfen auch Ihrem Körper und seinem Stoffwechsel, wieder seinen natürlichen Rhythmus zu finden.

DIE KETOGENE ERNÄHRUNG UND DAS FASTEN

So wie ein reiches Angebot an Kohlenhydraten aus Früchten, Beeren und Knollen in der Natur wichtige Signale an die Hormone sendet, die Fettspeicher auffüllen und damit auf die Nahrungsmittel arme Zeit im Winter vorbereiten soll, so ist auch der Mangel an Kohlenhydraten ein wichtiges Signal.

Es ist nämlich ein weitläufiger Irrtum, dass der Körper auf Kohlenhydrate angewiesen sei, um überleben zu können. Gerne wird hier auf das Gehirn verwiesen, dass bekanntlich zu den größten Energieverbrauchern des Körpers zählt und Blutzucker für seine Energieversorgung brauche. Diese Darstellung ist jedoch nur unvollständig: Es stimmt, dass bestimmte Körperzellen wie z.B. rote Blutkörperchen und bestimmte Gehirnzellen Glucose (also Blutzucker aus Kohlenhydraten) zum Überleben benötigen. Es gilt aber auch, dass die meisten Zellen, vor allem Muskeln, das Herz und die meisten anderen Organe statt Zucker auch Fett verbrennen können.

Da der Körper sich aufgrund saisonaler Schwankungen nicht darauf verlassen kann, jederzeit genügend Kohlenhydrate zu sich nehmen zu können, hat er zwei Strategien, die er in Zeiten von geringem Nahrungsangebot und/oder geringem Kohlenhydrate-Angebot verwendet: Ausgelöst durch einen niedrigen Blutzuckerspiegel schüttet der Körper das Hormon Glucagon aus, den Gegenspieler zum Insulin. Dieses Hormon regt die körpereigene Produktion von Blutzucker aus Proteinen an, die Gluconeogenese. Dadurch kann der Körper unabhängig vom Nahrungsangebot die Zellen, die auf Blutzucker angewiesen sind mit diesem Energieträger versorgen. Alle anderen Zellen schalten bei Blutzuckermangel automatisch auf Fettverbrennung um: Die im Herbst angefressenen Fettpolster übernehmen ihre natürliche Rolle als Energielieferant, statt ständig nur neues Fett aufzunehmen.

Eine besondere Rolle spielen hier die sogenannten Ketonkörper: Das sind energiereiche Moleküle, die in der Leber beim Abbau von Fettsäuren gebildet und von Muskeln und Gehirn für die Energiegewinnung genutzt werden. Die Gluconeogenese ist nämlich nur eine Übergangslösung: Nach einiger Zeit des Hungerns oder geringer Kohlenhydrat-Versorgung sinkt nämlich der Blutzuckerbedarf des Körpers und vor allem des Gehirns: Nach einer solchen Umgewöhnungszeit kann das Gehirn den größten Teil seines Energiebedarfs mit Ketonkörpern decken.

Die Bildung von Ketonkörpern als alternative Energieform in Hunger-, Fasten- oder anderen Zeiten mit geringer Kohlenhydrat-Aufnehme heißt Ketose (nicht zu verwechseln mit einer krankhaften Ketoazidose) und es handelt sich dabei um einen ganz normalen, natürlichen Vorgang. Der Körper nutzt solche Phasen nämlich auch dazu, aufzuräumen und kranke oder beschädigte Zellen abzubauen und zu entschlacken, in dem es diese buchstäblich „verfeuert".

Natürliche Zyklen aus Nahrungs-Überschuß und Nahrungs-Mangel haben daher eine wichtige Signalfunktion für den Körper: Sie regeln Speicher-, Abbau- und Aufräum-Zyklen im Körper. Fallen diese aus, kann es zu Ungleichgewichten und Störungen kommen. Kein Wunder, dass das Fasten als heilsame, regelmäßige Phase in so gut wie jeder Religion oder Kultur bekannt ist.

INGWER

Mit Beginn des Herbstes melden sich auch wieder die Erkältungsviren zurück. Unser Immunsystem steht vor großen Herausforderungen – Heizungsluft, Temperaturschwankungen, nasskaltes Wetter, Wind.

Vorbeugen
Erst seit einigen Jahren ist die Ingwerwurzel bei uns nicht nur als Gewürz, sondern auch als Heilmittel bekannt und wird immer beliebter. Ingwer wirkt entgiftend, entzündungshemmend und stimuliert das Nervensystem. Es verbessert dabei im Allgemeinen die Vitalität, stärkt die Immunabwehr und hilft bei Verdauungsstörungen und allen Arten von Übelkeit. Gingerol, einer der Hauptbestandteile dieser Wurzel wurde schon oft als hochwirksame, antikarzinogene Substanz beschrieben, sowohl aufgrund seiner entzündungshemmenden Eigenschaften als auch wegen seiner hemmenden Wirkung auf Krebszellen.

Die Engländer lieben den Ingwer (engl. Ginger) seit eh und je – und nicht nur in Weihnachtsplätzchen. In Suppen oder Eintöpfen, zu Gemüse, in Fisch-, Geflügel- oder asiatischen Fleischrezepten, aber auch in Pilzgerichten und als Gewürzbutter macht sich Ingwer gut. Anstatt die Papayahälften mit Zitronen- oder Limettensaft zu beträufeln, können Sie diese mit frischem Ingwer einreiben.

In Asien gehört die scharfe Ingwerwurzel zum festen Bestand der Medizin. Sie wird überall da eingesetzt, wo ihre wärmende Schärfe eine körperliche, geistige oder psychische Schwäche durch Kälte ausgleichen kann. Bei uns heißt dies in den Wintermonaten vor allem Erkältung. Ingwer enthält neben Bitterstoffen und ätherischen Ölen auch Vitamin C und Mineralien. Er eignet sich besonders gut dazu, um das Immunsystem anzuregen und Erkältungen vorzubeugen oder die Symptome einer bestehenden Erkrankung zu lindern.

Ingwertee: Der Genuss von Ingwertee verschafft vor allem im Winter eine belebende Wärme von innen her. Sehr heiß genossen, wirkt er schweißtreibend, belebend und schleimlösend auf die Lunge, erleichternd bei Katarrh, Halsschmerzen, Husten und Schnupfen.

Zubereitung aus frischer Wurzel: Schälen Sie den Ingwer und reiben Sie ihn ganz fein an der Gemüseraspel oder schneiden Sie ihn in sehr dünne Scheiben. Gießen Sie ihn mit heißem Wasser auf und lassen ihn 10 bis 15 Minuten ziehen. Sie können Ihrem ausgekühlten Ingwer-Tee etwas Zitronen- oder Limettensaft beigeben.

Lagerung: Lagern Sie die Wurzel am besten im Gemüsefach des Kühlschranks.

KÜRBIS

Man nennt sie „Mondgewächse“ und sie sind prall gefüllt mit Wasser (zu 97 %!). Die „Behälter von Flüssigkeiten“ sind die perfekte Nahrung für den Herbst, um den Körper gesund und stark zu halten, wenn das kalte Wetter und die Grippezeit einsetzt. Kürbisse sind nicht Gemüse, sondern die größten bekannten Beerenfrüchte. Mehr als 100 Gattungen mit 850 Arten sind über alle Kontinente verteilt.

Es gibt eine Vielzahl von Namen für den Kürbis und auch in Größe, Wuchs und Farbe unterscheiden sie sich. So ist auch ihre Verwendung vielfältig: dieser kann meistens roh, gekocht oder die nicht essbaren Sorten als Dekoration oder Zierkürbis, aber auch als Halloween-Kürbis verwendet werden. Andere Kürbisse werden für Gewichtswettbewerbe gezüchtet. Riesenkürbisse können ein Gewicht von über 600 Kilogramm auf die Waage bringen.

Gewisse Sorten wie beispielsweise junge Hokkaido, Butternut oder Patissons müssen nicht geschält werden und eignen sich auch als Rohkost. Den Test machen Sie am besten mit dem Fingernagel: Lässt sich die Haut im rohen Zustand mit dem Daumennagel leicht einritzen, muss nicht geschält werden. Können Sie nur mit großem Kraftaufwand wenig einritzen, schälen Sie Ihr Exemplar besser.

Übrigens, Salatgurke, Melone und Zucchini gehören auch zu den Kürbisgewächsen. Man unterscheidet zwischen Sommer- und Winterkürbisse.

Butternut, Golden Delicious und *Muscade de Provence* sind die beliebtesten Speisekürbisse. Ideale Gewürze sind Curry, Kurkuma, Muskat, Ingwer und Chilipulver.

Allerdings kann das Rüsten von großen, harten Exemplaren manchmal eine echte Herausforderung darstellen. Hier ein paar Tipps dazu: Man lässt den Kürbis auf den Boden fallen, sodass er in ein paar Stücke aufbricht. Die Handgelenke kann man überdies schonen, wenn man ein gut geschliffenes Messer und einen Gummihammer (um das Messer durch das Fruchtfleisch zu „schlagen“) verwendet.

Für eine einfache und leckere **Kürbissuppe** einfach einen Apfel, eine Zwiebel und eine große Karotte zugeben.

Aromatische Butternut-Schnitze: Butternut mit Schale längs in Schnitze schneiden und entkernen. Nach Belieben würzen (Salz/Kräutersalz, Pfeffer, Zimt, Muskat, Curry und/oder Kurkuma). Zugedeckt auf dem Grill, im Ofen oder Steamer/Dampf (je nach Größe 15 bis 25 Minuten.) weich garen. Vor dem Servieren mit etwas Olivenöl beträufeln. Wenn die Schale etwas hart sein sollte, diese nicht mitessen. Reste zu Suppe verarbeiten: Fruchtfleisch mit weicher Schale oder nur Fruchtfleisch grob zerkleinern und mit etwas Gemüsebrühe kurz aufkochen. Pürieren.

Variation Butternut-Schnitze mit Hackfleisch: Butternut wie oben beschrieben zubereiten. 300 bis 400 g Hackfleisch und 1 gehackte Zwiebel in wenig Bratfett anbraten. Eine Prise getrocknete italienische Kräuter untermischen und 1 bis 2 dl Gemüsebrühe angießen. Zugedeckt 10 bis 15 Minuten bei mittlerer Hitze köcheln lassen. Eventuell mit etwas Salz und Pfeffer abschmecken. Über Butternutschnitze anrichten.

Auch als gewürfelte Gemüsebeilage eignet sich die „**Riesenbeeren**" ausgezeichnet:
Steamer/Dampf: 1 Kg Kürbis schälen, entkernen und Fruchtfleisch in etwa 4 bis 5 cm große Würfel schneiden. Mit etwas Rosmarin weich garen und mit Salz, wenig Kürbiskern- oder Olivenöl würzen.
Variation: 1 Esslöffel Butter/Ghee in Bratpfanne schmelzen, 1 Teelöffel mildes Currypulver darin andünsten und gegarte Kürbiswürfel kurz darin schwenken.
Backofen: 1 Kg Kürbis schälen, entkernen und Fruchtfleisch in etwa 4 bis 5 cm große Würfel schneiden. Mit etwas Rosmarin, Salz, Olivenöl würzen. Würfel auf ein mit Backpapier ausgelegtes Blech legen und im vorgeheizten Ofen bei 220°C zuerst 10 Minuten backen, Hitze auf 190°C reduzieren und weitere 20 Minuten fertig backen.

Vor dem Servieren eventuell 1 Esslöffel Kürbiskerne in einer kleiner Bratpfanne ohne Bratfett rösten und über Kürbiswürfel streuen.

Immer passend: Kürbis-Süsskartoffel-Rösti oder -Stampf
Rösti: 600 g fester Kürbis und 2 Süßkartoffeln schälen und grob raspeln. 1 Zwiebel, fein gehackt, Salz und wenig Majoran unterheben. Etwas Ghee oder Kokosöl erwärmen, Röstimasse darin verteilen und zugedeckt bei mittlerer Hitze braten, bis sich eine goldbraune Kruste gebildet hat. Rösti raus heben und vor dem Wenden nochmals etwas Bratfett in Pfanne geben. Offen fertig braten.
Stampf: 600 g fester Kürbis und 2 Süßkartoffeln schälen und würfeln. Im Steamer/Dampf weich garen. Durch das Passe-Vite drehen/die Kartoffelpresse drücken oder mit dem Kartoffelstampfer zerdrücken. 2 Esslöffel zimmerwarme Butter und wenig Kokosmilch unterrühren. Mit Salz, Pfeffer, wenig Muskatpulver oder Curry und ein paar Tropfen Zitronensaft oder nach Belieben würzen.

Aus dem aromatischen Fruchtfleisch der Speisekürbisse lassen sich nicht nur leckere Suppen und Beilagen zaubern. Kürbis kann auch Pasta ersetzen:

Wie wär's mit **Spaghettikürbis an Basilikumpesto, Carbonara** (mit angebratenen Speckwürfelchen und rohe Eigelbe) oder **Sauce Bolognese** (auf Seite 104): Der Spaghetti-Kürbis zerfällt, wenn er in Wasser gekocht wird, und sein Fleisch erinnert dann an echte Spaghetti. Um Überdruck zu vermeiden, stechen sie den Kürbis mit einem spitzen Messer bis zu den Kernen durch. Anschließend die ganze Frucht während 40 Minuten kochen. Quer halbieren und die spaghettiähnlichen Fruchtfleischfasern mit der Gabel herausdrehen.

Die fast blumenförmigen **Patissons** sind nicht nur hübsch anzusehen, sondern auch zart im Fleisch und mild im Geschmack. Sie lassen sich vielseitig zubereiten und bei jungen Sorten gibt es wenig zu rüsten: Stiel- und Blütenansatz sowie Kerne entfernen. Schälen müssen Sie nur die reiferen Sorten mit einer festeren Schale, die beim Kochen nicht mehr ganz weich wird.

Hackfleisch-Patissons: Am besten Deckel der jungen Gemüsefrüchte wegschneiden, entkernen, mit Salz würzen und im Steamer/Dampf weich garen. Mit etwas Olivenöl beträufeln. Hackfleisch und gehackte Zwiebel in Öl anbraten. Würzen und Patissons damit füllen. Auch in einer Ratatouille oder anderem Mischgemüse machen sich Patissonwürfel gut.

Kennen Sie die grünen Kugeln, welche **Rondini** genannt werden? Rondini sind eine Sorte der Pepo-Kürbisse und somit nahe verwandt mit den Zucchini. Rondini eignen sich nicht zum roh essen und in einem Mischgemüse ginge ihr ureigener Geschmack verloren. Rondini wollen eigenständig genossen werden oder mit einer leckeren Füllung.

Rondini kurz mit Wasser abspülen. Auf ein Holzbrett mit einem feuchten Küchentuch legen und mit einem großen Küchenmesser den Deckel abschneiden/schlagen. Die Kerne mit einem Löffel heraus schaben. Falls sie nicht stehen bleiben, am Boden ein kleines Stück gerade abschneiden. Mit etwas Salz würzen. Wahlweise kann man Rondini in einer Pfanne dämpfen (zugedeckt mit wenig Wasser), im Backofen bei 200°C zubereiten oder im Dampf garen. Wenn sich Wasser im Inneren ansammelt, dieses am Schluss ausleeren. Rondini mit etwas Olivenöl beträufeln.

Hackfleisch-Rondini: Rondini wie oben zubereiten. Inzwischen Hackfleisch und gehackte Zwiebel in wenig Bratfett anbraten. Eine Prise getrocknete italienische Kräuter untermischen und wenig Gemüsebrühe angießen. Zugedeckt 10 bis 15 Minuten bei mittlerer Hitze köcheln lassen. Eventuell mit etwas Salz und Pfeffer abschmecken. Gegarte Rondini damit füllen.
Eier-Rondini: Gewürzte Rondini nur knapp weich garen, je ein aufgeschlagenes rohes Ei in Aushöhlung geben, würzen und im vorgeheizten Ofen (200°C) fertig garen. Mit Kräutern bestreuen.

Kürbiskerne sind eine gesunde, proteinreiche und somit energiespendende Knabberalternative. Sie toppen Suppen und Salate und auch als Pesto verarbeitet auf einem Minestrone oder zu Fleisch sind sie top.

Kürbiskernpesto: 40 g bis 50 g Kürbiskerne ohne Bratfett rösten, 2 Schalotten grob hacken, 1 Teelöffel Balsamico-Essig, 1 dl Wasser oder Brühe, 4 Esslöffel Kürbiskern- oder Olivenöl, 2 Esslöffel Oreganoblätter, ½ Teelöffel Salz und Pfeffer pürieren.

Lagerung: Am besten an einem trockenen Standort bei etwa 17 bis 20 °C aufbewahren, solange der Stielansatz nicht beschädigt ist (Kürbis sollte beim Tragen nicht am Stielansatz gehalten werden). Unbeschädigte, ausgereifte Kürbisse lassen sich zum Teil monatelang aufbewahren. Viele Sorten wie z.B. Butternut akkumulieren weitere Carotenoide während den ersten zwei Monaten.

Angeschnittene Exemplare halten sich im Kühlschrank unverpackt bis zu drei Wochen, wenn die Samen und Fäden noch dran sind. Vor dem Gebrauch an den Schnittstellen eine dünne Schicht abschneiden.

PATISSON-ZUCCHINI-TELLER MIT VINAIGRETTE

2 Personen

5 dl Gemüsebrühe
1 Patisson, klein
2 Zucchini, klein

Vinaigrette:
2 Tomaten, klein
2 Schalotten
1 Knoblauchzehe
wenig Schnittlauch
wenig Petersilie
2 Basilikumblätter
4 EL Essig
4 EL Olivenöl
Salz und Pfeffer

Vor- und Zubereitung: 30 Minuten

1 Brühe aufkochen.
2 Patisson schälen und entkernen. In etwa 0,5 cm dicke Scheiben schneiden. Zucchini beidseitig kappen und längs ebenfalls in etwa 0,5 cm dicke Streifen schneiden. In der Brühe bei mittlerer Hitze offen weich kochen. Mit Lochkelle aus der Brühe heben und Flüssigkeit beiseite stellen.
3 Inzwischen für die Vinaigrette Tomaten halbieren, Stielansatz entfernen, Tomaten entkernen und Fruchtfleisch klein würfeln. Schalotten fein hacken, Knoblauch dazu pressen. Kräuter klein schneiden. Mit 2 Esslöffeln Brühe, Essig, Olivenöl mischen und würzen. Auf lauwarmem Gemüse verteilen und kurz ziehen lassen.

Tipp: Die Gemüsebrühe als Suppe im Voraus servieren (eventuell 2 Eier einzeln aufschlagen und in Suppenteller geben, vorsichtig mit der siedenden Brühe auffüllen).

KÜRBIS-LAUCH-SUPPE MIT HÜHNERBRUST

4 Personen

600 g bis 800 g Kürbis
1 Lauchstange
1 Zwiebel
¼ Chilischote, frisch
2 EL Oliven- oder Kokosöl
1 L Gemüsebrühe
2 Hähnchenbrüsten
4 grüne Oliven, groß
Salz und Pfeffer

Vor- und Zubereitung: 40 Minuten

1 Kürbis schälen, entkernen und in etwa 1,5 cm große Würfel schneiden. Grobfasrige Teile beim Lauch entfernen und Stange in 2 bis 3 cm lange Stücke schneiden. Zwiebel und Chili fein hacken.
2 Öl in Kochtopf erhitzen und gehackte Zwiebel und Chili andünsten. Kürbiswürfel und Lauchstücke mitdünsten.
3 Brühe angießen, aufkochen und Gemüse bei mittlerer Hitze zugedeckt knapp weich garen.
4 Huhn quer in 2 cm breite Streifen schneiden und mit Oliven zugeben. Bei schwacher Hitze etwa 5 Minuten zugedeckt ziehen lassen. Abschmecken.

Tipp: Mit etwas Muskatnuss verfeinern.

Variationen: Anstatt Kürbis mit Süßkartoffeln und 1 Karotte oder Zucchini zubereiten.
Anstatt Lauch eine Handvoll grüne Bohnen, Brokkoli- oder Blumenkohlröschen verwenden.

KÜRBIS-MARONEN-SUPPE

4 Personen

Vor- und Zubereitung: 40 Minuten
Maronen an- oder auftauen lassen

1,5 kg Kürbis
1 Schalotte
2 EL Oliven oder Kokosöl
200 g geschälte Maronen, tiefgekühlt
1 L Gemüsebrühe
Salz

1. Kürbis schälen, entkernen und Fruchtfleisch grob würfeln.
2. Schalotte grob hacken und im Öl andünsten. Kürbiswürfel und Maronen mitdünsten.
3. Brühe angießen, aufkochen und alles weich garen. Pürieren und abschmecken.

Tipps: Am besten eignen sich Kürbisse mit Maronenaroma: Buttercup, Patidou, Sweet Mama, aber auch Delicata, Festival, Heart of Gold, Kamo Kamo, Rondini, Table Queen und Thelma Sawders Sweet Potato.
Eine Handvoll Kürbiskerne ohne Fettzugabe rösten und Suppe damit bestreuen.
Kürbissuppen können mit einem Schuss Kokosmilch verfeinert werden.

WEITERE HERBST-SUPPEN

Wenn es wieder kälter wird dienen die „Seelenwärmer" als ideale Vor- oder Hauptspeise. Suppen können problemlos ein paar Tage im Kühlschrank gelagert oder tiefgekühlt werden. Es macht daher Sinn, größere Mengen herzustellen.

In den meisten Bouillons sind heutzutage billige Inhaltsstoffe wie der Geschmacksverstärker Glutamat und andere Zusatzstoffe enthalten und dafür weniger teures Gemüse, Fleisch etc. Am besten erkundigen Sie sich in einem Gewürzladen, Reformhaus oder Bioladen nach geeigneten Produkten oder stellen diese selber her. Im Winterteil finden Sie die Zubereitung für die verschiedenen Brühen.

Gemüsereste lassen sich übrigens gut in einer Suppe verwerten. Einfach mit etwas Bouillon aufkochen und pürieren oder am Schluss als Einlage reinmachen. Eine gepresste Knoblauchzehe macht das Ganze etwas schmackhafter oder am Anfang eine gehackte Zwiebel in wenig Brühe ziehen lassen, bis sie weich ist und nachher das Gemüse und zusätzliche Brühe zugeben. In nicht pürierte Gemüsesuppen oder Minestrone passt auch etwas Hackfleisch. Dieses am Anfang in etwas Öl anbraten, aus der Pfanne nehmen und auf die Seite stellen. Suppe im selben Kochtopf kochen. Am Schluss gebratenes Hackfleisch untermischen.

GEMÜSECHIPS UND PESTOS – DEKORATION FÜR SUPPEN

CHIPS

Chips eignen sich als Beilage, Garnitur zu verschiedenen Speisen wie Suppen, aber auch auf Salaten und als Vorspeisen oder Appetizer.

Gemüsechips: Rohes Gemüse wie Karotte, Pastinake, Rote Bete, Süßkartoffel oder Zucchini in dünne Scheiben oder Streifen hobeln, mit etwas Salz und Öl mischen und auf ein mit Backpapier ausgelegtes Blech legen. Im vorgeheizten Ofen (bei 180°C, obere Hälfte) knusprig braten.

Auberginenchips: 2 bis 3 Auberginen beidseitig kappen. Gemüsefrüchte in 1 ½ mm bis 2 mm dicke Scheiben schneiden. Eine Seite mit Meersalz leicht würzen. Auf schräg gestelltem großen Teller oder in Pastasieb etwa 10 Minuten abtropfen lassen. Abschütteln und auf ein mit Backpapier ausgelegtes Blech legen. 4 bis 5 Esslöffel Olivenöl darüber träufeln und im Ofen knusprig backen.

PESTOS

Pestos eignen sich als Garnitur zu verschiedenen Speisen wie Suppen, aber auch in Salaten, zu Fleisch oder Fisch sind sie top.

- **Basilikumpesto:** Für etwa 8 Personen 30 g oder 80 bis 90 Basilikumblätter, 15 g Pinienkerne (für einen intensiveren Geschmack ohne Bratfett rösten), 3 kleine Knoblauchzehen, 0,5 dl Olivenöl und wenig Salz zu einer dickflüssigen Paste pürieren oder im Mörser zerstoßen. Übrig gebliebener Basilikumpesto kann portionenweise in Eiswürfelschalen oder Mini-Gugelhöpfli-Formen tiefgekühlt werden.
- **Brokkolipesto:** Ein paar Brokkoliröschen weich garen, 1 Knoblauchzehe dazu pressen, mit etwas Olivenöl pürieren oder zerdrücken und würzen.
- **Kürbiskernpesto:** 40 g bis 50 g Kürbiskerne ohne Bratfett rösten, 2 Schalotten grob hacken, 1 Teelöffel Balsamico-Essig, 1 dl Wasser oder Brühe, 4 Esslöffel Kürbiskern- oder Olivenöl, 1 Teelöffel Oreganoblätter, ½ Teelöffel Salz und Pfeffer pürieren.
- **Rucolapesto:** 90 g Rucola, 1 Knoblauchzehe, 6 Esslöffel Olivenöl und 2 Esslöffel Essig pürieren. Mit Salz abschmecken. Variationen: Ein paar geröstete Pinienkerne mit pürieren.
- **Tomatenpesto:** 6 getrocknete, in Öl oder Wasser eingelegte Tomaten abtropfen lassen und grob schneiden, 1 kleine frische Tomate und 2 Knoblauchzehen grob schneiden. Mit je 3 Esslöffel Pinienkernen und Olivenöl nach Bedarf pürieren.

FISCH-MINESTRONE

4 Personen

1 Fenchelknolle
1 Zucchino
1 Zwiebel
2 Knoblauchzehen
1 EL Oliven- oder Kokosöl
1 L Gemüsebrühe
2 Tomaten
400 g Kabeljau- oder Dorschfilet, ohne Haut
2 EL Zitronensaft
Salz und Pfeffer
4 Basilikumblätter
1 Prise Cayennepfeffer

Vor- und Zubereitung: 30 Minuten

1 Fenchel vierteln, Strunkansatz entfernen und Fenchel quer in feine Streifen schneiden. Zucchino beidseitig kappen, längs halbieren und quer in Scheiben schneiden. Zwiebel und Knoblauch fein hacken.
2 Fenchelstreifen, Zucchinoscheiben mit gehackter Zwiebel und Knoblauch im Öl andünsten. Brühe angießen, aufkochen und zugedeckt bei schwacher Hitze 10 Minuten köcheln lassen.
3 Inzwischen Tomaten halbieren, Stielansatz entfernen, Tomaten entkernen und Fruchtfleisch grob würfeln. Fischfilets kalt abbrausen, mit Küchenpapier abtupfen. In mundgerechte Stücke schneiden. Mit Zitronensaft beträufeln und mit Salz und Pfeffer würzen.
4 Tomatenwürfel, Fischstücke und Basilikum in die Brühe geben und bei schwacher Hitze 5 Minuten ziehen lassen. Mit Salz und Cayennepfeffer abschmecken.

Tipp: Als Hauptspeise verwenden.

SELLERIE-SUPPE MIT PILZHAUBE

4 Personen

Vor- und Zubereitung: 25 Minuten

1 L Gemüsebrühe
800 g Knollensellerie
200 g Stangensellerie
4 Steinpilze oder andere Pilze
150 g kleine Champignons, braun oder weiß
2 EL Butter oder 1 EL Ghee
Salz
1 EL Petersilie, glatt

1 Brühe aufkochen. Knollensellerie schälen und Stangensellerie ohne Grün grob schneiden. Zugeben und bei mittlerer Hitze zugedeckt weich garen. Pürieren.
2 Inzwischen Pilze putzen und vierteln. In der Butter unter ständigem Wenden braten. Mit Salz würzen. Petersilie fein hacken und unterrühren.
3 Selleriesuppe anrichten und mit Pilzen bestreuen.

Variationen:
Wenn Sie keine frischen Steinpilze finden, können Sie getrocknete verwenden. Diese einfach vorher mit Wasser bedeckt einweichen, abseihen, mit frischem Wasser abbrausen und etwas auspressen.
200 g andere Pilze verwenden. 1 Knoblauchzehe und Pilze in dünne Scheiben schneiden. Mit 50 g Speckwürfelchen in wenig Oliven- oder Kokosöl weich dünsten. Nach Belieben abschmecken (Salz, Pfeffer, Paprika, Curry und Kurkuma passen sehr gut dazu).
Pilzmischungen machen sich auch gut als Dekoration auf einem grünen Salat.

GEMÜSE-MINESTRONE

4 Personen

1 Zucchino
2 Karotten
2 Selleriestangen
1 Lauchstange
ein paar Wirsingblätter
1 Zwiebel, klein
3 EL Oliven- oder Kokosöl
Salz
2 Tomaten
Pfeffer und 1 Msp. Cayennepfeffer

Vor- und Zubereitung: 35 Minuten

1 Zucchino beidseitig kappen. Karotten schälen. Zucchino und Karotten mit Sellerie ohne Grün in Scheiben schneiden. Grobfasrige Teile beim Lauch entfernen und Stange in Ringe schneiden. Wirsingblätter in feine Streifen schneiden.

2 Zwiebel fein hacken und im Öl andünsten. Gemüse, 7 dl Wasser und Salz (oder Gemüsebrühe) zugeben, aufkochen. Bei mittlerer Hitze nochmals zugedeckt 20 Minuten weiter köcheln lassen.

3 Inzwischen Tomaten halbieren, Stielansatz entfernen, Tomaten entkernen und Fruchtfleisch grob schneiden. Beifügen und kurz ziehen lassen. Mit Pfeffer und Cayennepfeffer abschmecken.

Tipp: Wenn Sie restlichen Wirsing haben, können Sie diesen am nächsten Tag als Beilage zu Fleisch oder Fisch verwenden: 1 Zwiebel und 1 Knoblauch fein hacken, in wenig Butter oder Öl andünsten. Wirsing ohne Strunkansatz in feine Streifen schneiden, kurz mitdünsten. Wenig kräftige Gemüsebrühe angießen und bei schwacher Hitze zugedeckt weich garen. Mehrmals rühren und bei Bedarf Wasser zugeben. Mit wenig Salz und Pfeffer würzen.

ZUCCHINI-RUCOLA-SUPPE MIT WACHSWEICHEM EI

4 Personen

3 Zucchini, groß
90 g Rucola
1 Zwiebel
2 EL Oliven- oder Kokosöl
8,5 dl Gemüsebrühe
1 Thymianzweig, klein
Salz und Pfeffer
4 Eier
2 bis 3 EL Essig

Vor- und Zubereitung: 30 Minuten
Eier 30 Minuten vorher aus dem Kühlschrank nehmen

1 Zucchini auf der einen Seite kappen und grob raspeln. Rucola grob zerzupfen. Beiseite stellen.
2 Zwiebel grob hacken und im Öl andünsten. Zucchini und Rucola mitdünsten. Brühe angießen, Thymian beifügen, aufkochen. Gemüse bei mittlerer Hitze zugedeckt weich garen. Thymian entfernen. Pürieren und abschmecken.
3 Inzwischen etwas Wasser aufkochen. Zimmertemperierte Eier vorsichtig ins siedende Wasser geben, Essig beifügen und 6 Minuten lang offen bei mittlerer Hitze kochen. Gut abschrecken und vorsichtig pellen. Das obere Drittel/Viertel des Eis wegschneiden, so dass das Eigelb leicht zum Vorschein kommt. Suppe anrichten und Ei in die Mitte rein stellen.

Variation: Löwenzahn anstatt Rucola verwenden.
Tipps: Andere Kräuter (Basilikum, Bohnenkraut oder Oregano) anstatt Thymian mit der Brühe beifügen.
Das wachsweiche Ei macht sich auch gut in andere grüne Suppen (z.B. Brokkoli, Spitzkohl/Romanesco, Spinat).

SCHNELLES LAUCH-SÜPPCHEN

4 Personen

1 Schalotte
1 kg Lauch
2 EL Butter oder 1 EL Ghee
1 L Gemüsebrühe
1 Msp. Muskatpulver

Vor- und Zubereitung: 25 Minuten

1 Schalotte fein hacken. Grobfasrige Teile beim Lauch entfernen, Stange in dünne Ringe schneiden. Gemüse in der Butter andünsten.

2 Brühe angießen, aufkochen und Lauch bei mittlerer Hitze zugedeckt weich garen. Mit Muskat verfeinern.

Variation: Suppe pürieren (Schalotte und Lauch einfach nur grob schneiden).

ZWIEBEL-SUPPE

4 Personen

Vor- und Zubereitung: 30 Minuten

800 g Zwiebeln mild, groß
4 Tomaten, klein
2 Karotten
80 g Speckwürfelchen
3 EL Oliven- oder Kokosöl
1 L Gemüsebrühe

1 Zwiebeln in dünne Ringe schneiden. Tomaten halbieren, Stielansatz entfernen, Tomate entkernen und Fruchtfleisch klein würfeln. Karotten schälen und ebenfalls klein würfeln.
2 Speck mit Karottenwürfelchen im Öl andünsten. Zwiebelringe und Tomatenwürfelchen mitdünsten.
3 Brühe angießen, aufkochen und Gemüse weich garen.

Zwiebel-Suppe mit pochiertem Ei 1 Liter Wasser mit 0,5 dl Essig in einem schmalen Kochtopf aufkochen. Topf von der Wärmequelle nehmen. 4 Eier einzeln in eine kleine Schale oder Tasse aufschlagen und vorsichtig ins leicht siedende Wasser gleiten lassen (sollten komplett mit Wasser bedeckt sein). Topf wieder auf die ausgeschaltete Wärmequelle stellen und Eier unter dem Siedepunkt etwa 4 bis 5 Minuten ziehen lassen. Mit Lochkelle einzeln herausheben und kurz in kaltes Wasser tauchen. Gut abtropfen lassen. Suppe anrichten und je 1 pochiertes Ei hinzufügen.

SHIITAKE-SPINAT-GARNELEN-SUPPE

4 Personen

Vor- und Zubereitung: 20 Minuten

3 Frühlingszwiebeln
80 g Shiitake-Pilze
200 g große Garnelen, roh und geschält
1 Stück Ingwer, daumengroß
1 EL Oliven- oder Kokosöl
7,5 dl Gemüsebrühe
200 g Spinat
Salz und Pfeffer
1 Prise Cayennepfeffer

1 Frühlingszwiebeln ohne Grün in dünne Ringe schneiden. Pilze putzen, Stiele abnehmen (am besten mit einer Drehbewegung). Hüte in dünne Scheiben schneiden. Garnelen kalt abbrausen, mit Küchenpapier abtupfen. Ingwer schälen und fein reiben.

2 Frühlingszwiebelringe im Öl andünsten. Ingwer kurz mitdünsten. Brühe und Pilze beifügen, aufkochen. Bei mittlerer Hitze zugedeckt 4 Minuten köcheln lassen. Spinat und Garnelen zugeben und kurz ziehen lassen. Abschmecken.

ROTE BETE

Glaubt man der Volksmedizin, so soll die rote Bete wahre Wunder bewirken: Entzündungen hemmen, entgiften, verjüngen und angeblich sogar gegen Krebs wirken. Die herausragendste Eigenschaft der Roten Rübe gegenüber anderen Gemüsesorten soll aber ihr hoher natürlicher Nitratgehalt sein. Diesem sind andere gesundheitsfördernde Wirkungen zuzuschreiben wie blutdrucksenkend und durchblutungsfördernd.

Die Rote Bete sollte am besten roh gegessen werden um nicht die vielen Vitalstoffe und Enzyme zu zerstören. Sie kann auch als Saft getrunken werden, z.B. mit etwas Zitronensaft und Honig oder in Kombination mit Möhren und Stangensellerie (am Schluss immer noch einen Schuss Olivenöl beigeben). Auch in Suppen oder als Ergänzung zu Fisch ist sie sehr beliebt.

Übrigens, nicht jede Rote Bete ist rot und rund. Es gibt weiße, geringelte und gelbe Sorten, plattrunde bis lange Formen.

Auch die Blätter schmecken gut und sind sehr vitalreich: einige Minuten in wenig leicht gesalzenem Wasser aufkochen und abtropfen lassen. Mit Olivenöl, Zitronensaft und Knoblauch würzen oder roh in Streifen geschnitten über Suppen streuen.

Roher Salat: Rote Bete zerkleinern oder grob raspeln. Mit einer gehackten Zwiebel und gekrauster Petersilie und einer Sauce aus Essig, Olivenöl und Salz gut durchfeuchten und saftig machen. Gut dazu passen: ein paar halbierte Walnüsse und Kürbiskerne, Apfel- und Orangenschnitze oder halbierte weiße Trauben.

Lagerung: Das Gemüsefach des Kühlschranks oder ein kühler Keller eignen sich gut zum Einlagern. Je höher die Luftfeuchtigkeit dort ist, desto weniger Wasser verlieren die Knollen. Achten Sie beim Einkauf einfach darauf, dass sich die Knollen nicht weich, sondern prall an füllen. Dies ist ein Zeichen für frisches oder optimal gelagertes Gemüse.

ROTE BETE MIT FISCH

2 Personen

2 Rote Bete, roh
¼ Chilischote, frisch
1 EL Minze (oder Petersilie, gekraust)
1 bis 2 Frühlingszwiebeln
2 EL Zitronensaft
3 EL Olivenöl
Salz
400 g Kabeljau- oder Dorschfilet, ohne Haut
2 EL Kokosmehl
2 EL Kokosöl

Vor- und Zubereitung: 25 Minuten

1 Rote Bete schälen und klein würfeln oder grob raspeln. Chili entkernen und mit Minze und Frühlingszwiebeln ohne Grün hacken. Mit Zitronensaft, Olivenöl und Salz vermengen und ziehen lassen.

2 Fischfilets kalt abbrausen, mit Küchenpapier abtupfen. In Kokosmehl wenden und im Öl braten. Mit Salz würzen und anrichten. Rote Bete dazu servieren.

PILZE

Pilze sind keine Pflanzen. Sie besitzen weder Blattgrün (Chlorophyll) noch betreiben sie Fotosynthese. Da Pilze auch keine Tiere sind, stellen sie ein eigenes Reich von Lebewesen dar, nämlich die Fadenwesen. Die fadenförmigen Arme (Myzel) bohren sich durch die Erde und lösen Mineralien und organische Stoffe heraus und versorgen sich bei den Baumwurzeln mit Zucker. Nur der kleine Fruchtkörper (i.d.R. ein Stiel mit Schirm oder Hut) ist oberirdisch und damit erkennbar.

Die Speisepilze sind gefragter denn je, da sie die Ernährung auf köstliche und nahrhafte Weise ergänzen. Auch sollen sie gut sättigen. Sie eignen sich sehr gut als gedünstete oder gegrillte Beigabe zu Salaten und Gemüse, in Suppen, als Pilzragout und vielem mehr. Shiitake werden in der traditionellen chinesischen Medizin zu den wirksamsten Heilpilzen gezählt. Ihren Stiel sollte man nicht verwenden, denn er ist zu hart.

Die meisten Pilze, vor allem aber Champignons, Steinpilze und Kräuterseitlinge, gewinnen viel an Geschmack, wenn man sie scharf anbrät (z.B. in Ghee oder Kokosöl) und nicht zu oft wendet. Dann tritt weniger Saft aus und sie sind nach wenigen Minuten schon braun. Ihr „Umami"-Geschmack gilt neben süß, sauer, salzig und bitter als fünfte Qualität des Geschmackssinns und ist die Bezeichnung für einen vollmundigen Geschmack. Es rührt vom Japanischen her und heißt so viel wie „fleischig, herzhaft, wohlschmeckend".

Manche gehören zu den edelsten Bodenschätzen wie die Trüffeln, manche sind immer noch mit Umweltgiften und Radioaktivität belastet. Darum ist der Kauf von Pilzen aus biologischer Zucht sehr zu empfehlen. Weil die Pilze aber eine köstliche und gesunde Speise sind, erlebten in letzter Zeit die Zuchtpilze einen Regelrechten Boom. Das ist zu begrüßen.

Pilze sollten nicht mit Wasser gewaschen werden, da sie sehr schnell Feuchtigkeit aufnehmen, glitschig werden und an Aroma verlieren. Vor der Verarbeitung reicht es sie nur mit Küchenpapier abzureiben oder mit einem Pinsel zu reinigen und das Stielende abzuschneiden. Beim Kauf ist darauf zu achten, dass sie ganz frisch und nicht schon ausgetrocknet oder schlapp sind oder gar braune Flecken aufweisen.

Austernpilze, Champignons und Shiitake sind keine typischen Herbstpilze, sondern sind das ganze Jahr über erhältlich. Morcheln sind typische Frühjahrspilze, man findet sie sogar kurz nach der Schneeschmelze.

Getrocknete Pilze schmecken intensiver als frische. Es ist durchaus empfehlenswert, eingeweichte Dörrpilze oder Pilzpulver in Gerichten wie Saucen, Suppen oder Gemüse beizumischen. Wenn Sie getrocknete Pilze einweichen, sollten Sie das Einweichwasser weg schütten und die Pilze kurz mit kaltem Wasser abbrausen bevor Sie sie etwas auspressen. So werden sie milder im Geschmack.

Austernpilze sind vom Geschmack her ähnlich wie Fleisch und man kann sie als Ganzes wie ein Schnitzel in der Pfanne braten und mit Salz und Pfeffer abschmecken.

Champignons sind auch roh sehr interessant. Fein geblätterte Scheiben passen in grüne Salate oder man kann gleich einen rohen **Champignons-Salat** damit zubereiten. Für 2 Personen: 250 g Champignons putzen und in sehr dünne Scheiben schneiden. 2 Esslöffel glatte Petersilie und 1 Knoblauchzehe fein hacken und mit Saft von 1 Zitrone, etwas Essig, Olivenöl, Salz und Pfeffer zugeben und alles vorsichtig vermengen. Kurz ziehen lassen.

Marinierte Champignons eignen sich als exklusive Vorspeise vorzüglich: je 250 g kleine weiße und braune Champignons halbieren, in Bratfett kräftig anbraten. Mit Salz würzen und offen weich garen. Mit Lochkelle aus dem Sud nehmen. Abgeriebene Zitronenschale von 1 Zitrone (nur gelber Teil), 2 Knoblauchzehen und 2 Esslöffel fein gehackte glatte Petersilie sowie 2 bis 3 Esslöffel Zitronensaft zum Sud geben. Kurz offen köcheln lassen. Ein kleines Stück Chilischote fein hacken und mit 6 Esslöffel Olivenöl den Sud verfeinern. Flüssigkeit über die warmen Champignons gießen. Zugedeckt marinieren.

Große Champignons-Hüte ohne Stiel eignen sich gut für eine **Ofen-Beilage**: Pilze putzen. Stängel der Champignons vorsichtig herausdrehen. Champignons mit der Öffnung nach oben in ein mit Backpapier ausgelegtes Blech stellen. Leicht salzen und mit wenig Olivenöl beträufeln. Etwas Petersilie und 1 bis 2 Knoblauchzehen fein hacken. 1 Tomate halbieren, Stielansatz entfernen und Tomate entkernen. In kleine Würfel schneiden. Petersilie, Knoblauch und Tomatenwürfelchen vermischen, leicht salzen und Pilze damit füllen. Nochmals wenig Olivenöl darüber träufeln und im vorgeheizten Ofen (bei 200°C, Mitte Ofen) ca. 20 bis 30 Minuten backen.

Zu **Kräuterseitlingen** passt Ingwer gut dazu: Pilze putzen und längs in dünne Streifen schneiden. In etwas Bratfett anbraten und mit Salz und Pfeffer abschmecken. 1 kleines Stück Ingwer fein reiben und unterheben. Hitze reduzieren und Pilze zugedeckt weich garen. Am Schluss gehackte glatte Petersilie unterheben.

Shiitake vom Stiel befreien (ist meistens etwas hart), blättrig schneiden, in etwas Bratfett braten, Frühlingszwiebeln in dünne Ringe dazu geben und gut würzen. Machen sich auch auf einem grünen Salat (Frisée oder Feldsalat) gut.

Variation: Shiitake vom Stiel befreien und in Bratfett braten. 1 Knoblauchzehe dazu pressen, 1 kleines Stück Ingwer dazu reiben. Alles bei schwacher Hitze zugedeckt weich garen. Abschmecken und mit Schnittlauchröllchen bestreuen.

Lagerung: In luftdurchlässigen Papiertüten, in offene Körbchen oder in einem Küchentuch im Gemüsefach des Kühlschranks legen. Auf keinen Fall sollten Pilze in Plastikbeutel gelagert werden!

FELDSALAT SANTA LUCIA

2 Personen

125 g Pfifferlinge
Salz
100 g bis 120 g Feldsalat
8 Walnusskerne
10 dunkle Trauben

Sauce:

3 bis 4 EL Essig oder 1 bis 2 EL Balsamico-Essig, dunkel
3 bis 4 EL Olivenöl
Salz

Vor- und Zubereitung: 15 Minuten

1 Pilze putzen und etwas zerkleinern. Ohne Fettzugabe braten bis die Eigenflüssigkeit verdampft ist. Mit Salz würzen.
2 Salat anrichten. Walnusskerne und Trauben halbieren und zusammen mit Pilzen garnieren.
3 Zutaten für Sauce verrühren. Über Salat träufeln.

Variation: Anstatt Trauben 2 Pflaumen, grob geschnitten, verwenden.

PFIFFERLING-RÜHREI

2 Personen

Vor- und Zubereitung: 20 Minuten

300 g Pfifferlinge
1 Schalotte
2 EL Olivenöl
Salz
4 Eier
etwas Schnittlauch
wenig Gartenkresse

1 Pilze putzen. Größere vierteln oder längs halbieren, kleinere ganz lassen.
2 Schalotte fein hacken. Mit Pilzen im Olivenöl unter ständigem Rühren garen, bis die Eigenflüssigkeit verdampft ist. Mit Salz würzen.
3 Eier mit wenig Salz verquirlen. Schnittlauch mit Schere reinschneiden und vermengen. Eimasse beigeben und unter ständigem Rühren braten. Pfanne von der Wärmequelle nehmen, bevor gewünschte Konsistenz erreicht ist, da die Eier durch die gespeicherte Hitze noch weiter garen.
4 Anrichten und etwas Kresse darüber schneiden.

Beilagen-Tipp: Tomaten-Avocado-Salat mit italienischer Sauce (Essig, Olivenöl und Salz).

STEINPILZ-AUBERGINEN-PÜRÉE FLORENTINER ART

2 Personen

4 Steinpilze
1 Zucchino, klein
1 Handvoll Cherrytomaten
Olivenöl
Salz
6 Basilikumblätter
4 Auberginen
Pfeffer

Vor- und Zubereitung: 35 Minuten

1 Pilze putzen und in dünne Scheiben schneiden. Zucchino beidseitig kappen und klein würfeln. Mit Cherrytomaten zusammen in etwas Olivenöl offen knapp weich dünsten (Tomaten sollten aufspringen). Mit Salz würzen und Basilikum untermischen. Herausnehmen und beiseite stellen.
2 Inzwischen Auberginen schälen und grob würfeln. In derselben Pfanne in etwas Olivenöl kurz andünsten. Eventuell wenig zusätzliches Olivenöl zugeben (Auberginen müssen nicht ganz glasig sein, denn sie saugen das Öl zuerst auf und geben einen Teil wieder ab). Mit Salz und wenig Pfeffer würzen. Hitze reduzieren und zugedeckt köcheln bis das Auberginenfleisch sehr weich ist. Mit Kartoffelstampfer oder Gabel zerdrücken.
3 Beiseite gestelltes Gemüse untermischen.

Variationen:
Eine Knoblauchzehe am Schluss zum Auberginenfleisch pressen.
Wenn Sie keine frischen Steinpilze finden, nehmen Sie einfach 6 bis 8 Champignons oder 1 Handvoll getrocknete Steinpilzscheiben, welche Sie vorher in etwas Wasser einweichen, abseihen, mit kaltem Wasser kurz abbrausen und auspressen.
Auberginen-Mus: 3 bis 4 Auberginen schälen und grob würfeln. Wie oben beschrieben weich garen und zu einem Pürée verarbeiten. Mit Salz, Pfeffer und eine Prise Chilipulver abschmecken. Wer mag, kann gegen den Schluss eine Knoblauchzehe dazu pressen.

Tipp: Leberschnitzel oder -geschnetzeltes dazu servieren: Zuerst ein paar Salbeiblätter und Zwiebelringe in etwas Öl andünsten und anschließend Leber (mit kaltem Wasser abgespült und trocken getupft) darin anbraten. Zudecken und bei schwacher Hitze ziehen lassen. Leber sollte innen noch rosa, aber nicht blutig sein. Erst am Schluss mit Salz und Pfeffer abschmecken.

ENDIVIENSALAT MIT MARONEN

2 Personen

100 g geschälte und gekochte Maronen
1 Zwiebel, groß
70 g Speckwürfelchen
1 EL Butter oder 1 TL Ghee
Endiviensalat, klein

Sauce:

3 EL Essig
3 EL Olivenöl
1 TL Senf
Salz und Pfeffer

Vor- und Zubereitung: 20 Minuten

1 Maronen grob schneiden. Zwiebel halbieren und in dünne Halbringe schneiden. Alles mit Speck in der Butter andünsten.
2 Salat in mundgerechte Stücke zupfen oder schneiden. Für die Sauce alle Zutaten verrühren und mit dem Salat vermengen. Lauwarme Maronen-Zwiebel-Speck-Mischung darüber verteilen.

Variationen: Geröstete Maronen vom Maronenstand beziehen und schälen.
Endiviensalat Jole: Endiviensalat in mundgerechte Stücke zupfen und mit geschnittenem Fenchel, Apfel, Orange oder Grapefruit, etwas Kernenmix, Leinsamen und ein paar halbierte Walnusskerne und einer italienischen Salatsauce (Olivenöl, Essig und Salz) anmachen.

FENCHEL IM OFEN MIT BRESAOLA

2 Personen

3 Fenchelknollen, groß
4 EL Olivenöl
Salz und Pfeffer
½ Zitrone
140 g Bresaola

Vor- und Zubereitung: 10 Minuten
Backofen vorheizen: 200 °C
Backen: 10 Minuten (Mitte Backofen, nur mit Unterhitze)

1 Fenchel längs halbieren, Strunkansatz entfernen und Fenchel quer in feine Streifen schneiden. Mit Olivenöl, Salz und Pfeffer vermengen. Auf ein mit Backpapier ausgelegtes Blech verteilen und im Ofen backen. Leicht abkühlen lassen. Mit Zitronensaft beträufeln.
2 Bresaola auf Teller auslegen. Fenchelstreifen in der Mitte anrichten.

Tipp: Fenchel als Gemüsebeilage zu Fleisch oder Fisch servieren.

Variationen: Roastbeef (auf Seite 211) anstatt Bresaola verwenden.
Fenchel als rohen Salat zubereiten (fein geschnitten, mit einer Sauce aus Essig, Olivenöl und Salz).

KAROTTEN UND SELLERIE MIT HÄHNCHEN

2 Personen

1 Huhn (etwa 1 bis 1,2 kg)
Salz und Pfeffer
Paprikapulver
2 EL Olivenöl
2 Bund Stangensellerie
4 Karotten
1 EL Butter oder Ghee
1 Lorbeerblatt
2 Thymianzweige
4 Knoblauchzehen
6 dl Gemüsebrühe

Vor- und Zubereitung: 15 Minuten
Backofen vorheizen: 180°C
Garen: 1 ¼ Stunden (Mitte Backofen)

1 Huhn in Bratgeschirr (ohne Deckel) legen. Würzen. Olivenöl darüber träufeln und 15 Minuten offen garen.

2 Stangensellerie ohne Grün längs halbieren. Karotten schälen, längs vierteln und in Würfel schneiden. In einem Kochtopf das geschnittene Gemüse in der Butter etwa 5 Minuten andünsten. Lorbeer, Thymian und ungeschälte Knoblauchzehen beifügen. Brühe angießen und aufkochen.

3 Inzwischen Huhn wenden und 2. Seite ebenfalls 15 Minuten offen garen. Huhn aus dem Bratgeschirr nehmen, Brühe mit Stangensellerie, Karotten, Knoblauch und Kräuter in Bratgeschirr rein gießen, Huhn in die Mitte stellen und alles offen etwa 1 Stunde weiter garen.

KAROTTEN MIT FRIKADELLEN AN KOKOSMILCH

2 Personen

Vor- und Zubereitung: 35 Minuten

¼ bis ½ Chilischote, frisch
1 Stück Ingwer, daumengroß
400 g Hackfleisch vom Rind
1 Ei
Salz
500 g Karotten
2 EL Kokosöl
1,5 dl Kokosmilch
Pfeffer

1 Chili entkernen und die Hälfte fein hacken. Ingwer schälen und die Hälfte fein reiben. Restliche Hälften beiseite stellen.
2 Hackfleisch mit Ei, gehacktem Chili und geriebenem Ingwer vermengen. Mit Salz abschmecken. Gut kneten, bis eine kompakte Masse entsteht. 10 knapp handgroße Frikadellen formen.
3 Karotten schälen und in dünne Scheiben schneiden.
4 Frikadellen im Kokosöl anbraten. Karottenscheiben, restliche Chili- und Ingwerhälften mit braten und mit Salz würzen. Kokosmilch angießen und bei mittlerer Hitze kurz köcheln lassen. Hitze weiter reduzieren und zugedeckt weiter köcheln bis Karotten gar sind. Chili- und Ingwerstücke entfernen. Nochmals abschmecken.

Variation: Gegen den Schluss 1 Handvoll frischen Spinat oder Jungspinat untermischen.

Tipp: Als Beilage oder Vorspeise eignen sich „Grünkohl/Federkohl Chips“ (auf Seite 190).

KNOLLENSELLERIE MIT VINAIGRETTE

2 Personen

2 Knollensellerie
Salz

Vinaigrette:
10 Cherrytomaten
2 EL Petersilie, glatt
1 EL Pinienkerne
3 EL Essig
4 EL Olivenöl
Salz und Pfeffer

Vor- und Zubereitung: 30 Minuten

1 Knollensellerie schälen und in etwa 1 cm dicke Scheiben schneiden. Mit Salz würzen und im Steamer/Dampf (oder in Salzwasser) weich garen.
2 Inzwischen für die Vinaigrette Tomaten und Petersilie hacken. Pinienkerne ohne Fettzugabe leicht rösten und alles mit den restlichen Zutaten vermengen.
3 Warme Selleriescheiben auf Teller auslegen und Vinaigrette darauf anrichten oder darüber träufeln.

Variationen: Knollenselleriescheiben bissfest garen. 2 Zwiebeln hacken, in wenig Butter andünsten, ein paar Rosmarinnadeln und etwas Petersilie fein hacken, alles vermengen und abschmecken. Auf Knollensellerie verteilen und mit wenig Gemüsebrühe im auf 200°C vorgeheizten Ofen zugedeckt weich garen.
Kohlrabi oder entkernte Patissons verwenden.

LACHSFORELLENFILET AN HASELNUSS-BUTTER

2 Personen

Vor- und Zubereitung: 15 Minuten
Kühl stellen: mindestens 30 Minuten

2 Lachsforellenfilets mit Haut (je etwa 150 g bis 200 g)
1 EL Butter oder Ghee
Salz

Haselnussbutter:
25 g Haselnüsse
50 g Butter, weich
Salz und Pfeffer

1 Haselnüsse fein hacken. Ohne Fettzugabe leicht rösten. Abkühlen lassen. Mit den restlichen Zutaten für die Butter vermengen (mit einer Gabel). In Klarsichtfolie einwickeln und zu einer Rolle formen. Im Tiefkühler fest werden lassen.
2 Fischfilets kalt abbrausen, mit Küchenpapier trocken tupfen. Mit Hautseite in der Butter braten. Werden und würzen. Am Schluss nochmals auf der Hautseite kurz braten (sollte knapp durchgebraten sein).
3 Anrichten und Butter in Scheiben darauf verteilen.

Tipp: Haselnussbutter passt auch sehr gut zu gebratenen Lachsfilets.

Beilagen-Tipp

LAUCH AN SAFRAN

Vor- und Zubereitung: 30 Minuten

1 Zwiebel
1 Knoblauchzehe
2 Specktranchen
2 EL Olivenöl
6 Lauchstangen
1 EL Petersilie, glatt
2 dl Gemüsebrühe
1 Briefchen Safran
Salz und Pfeffer

1 Zwiebel und Knoblauch fein hacken. Speck in feine Streifen schneiden. Im Olivenöl andünsten.
2 Grobfasrige Teile beim Lauch entfernen. Stangen in etwa 2 cm dicke Scheiben schneiden. Petersilie zerzupfen. Beides mitdünsten.
3 Brühe angießen, Safran untermischen und Lauchstücke zugedeckt bei schwacher Hitze weich garen. Abschmecken.

2 Personen

LAUCHAUFLAUF MIT FISCH

1 Stück Ingwer, daumengroß
¼ Chilischote, frisch
1 Knoblauchzehe
2,5 dl Kokosmilch
8 Lauchstangen
400 g Kabeljau- oder Dorschfilet, ohne Haut
Salz und Pfeffer
2 EL Kokosraspel

Vor- und Zubereitung: 5 Minuten
Backofen vorheizen: 180°C
Garen: 40 Minuten (Mitte Backofen)

1 Ingwer schälen, Chili entkernen und beides mit Knoblauch fein hacken. In ofenfeste Form geben. Kokosmilch angießen und offen 10 Minuten im Backofen erhitzen.

2 Inzwischen grobfasrige Teile beim Lauch entfernen und Stangen in dünne Ringe schneiden. Fisch kalt abbrausen, mit Küchenpapier abtupfen und in 4 gleichmäßige Stücke schneiden.

3 Lauchringe mit der Kokosmilch vermengen und mit Salz und Pfeffer würzen. Fisch darauf legen, mit Salz würzen und mit etwas Kokosmilch beträufeln. Kokosraspel auf Fisch verteilen. Alles nochmals 30 Minuten offen garen.

MIESMUSCHELN GRATINIERT

2 Personen

Vor- und Zubereitung: 20 Minuten
Backofen vorheizen: 200°C
Überbacken: 10 bis 15 Minuten (Mitte Backofen)
Tiefgekühlte Miesmuscheln auftauen lassen

8 würzige, große Tomaten
1 EL Petersilie, glatt
2 Knoblauchzehen
Salz und Pfeffer
2 kg Miesmuscheln mit Schale (küchenfertig), frisch oder tiefgekühlt
Olivenöl

1 Tomaten halbieren, Stielansatz entfernen, Tomaten entkernen und Fruchtfleisch klein würfeln. Petersilie und Knoblauch fein hacken. Alles mischen und abschmecken.
2 Miesmuscheln kalt abbrausen, offene Muscheln aussortieren und Rest in großen Kochtopf geben. Ohne zusätzliche Flüssigkeit aufkochen, dabei den Topf immer wieder rütteln bis Muscheln geöffnet und gar sind (nur kurz, sonst werden sie trocken). Ungeöffnete Muscheln unbedingt wegwerfen!
3 Abseihen oder mit Lochkelle aus dem Sud heben, halbieren, allfällige Barthaare entfernen und Schalenhälften mit dem Muschelfleisch dicht nebeneinander auf ein mit Backpapier ausgelegtes Blech setzen.
4 Gewürzte Tomatenwürfelchen darauf verteilen. Etwas Olivenöl darüber träufeln und im Ofen überbacken.

Tipp: Grüne Neuseelandmuscheln (Halbschalen, vorgekocht) verwenden. Diese müssen nicht mehr vorgegart werden. Belegte Muscheln direkt im Ofen überbacken.

Variation: 30 bis 40 g grob gewürfelten Rohschinken unter Tomatenwürfelchen mischen.

MIESMUSCHELN A LA MARINARA

2 Personen

2 Knoblauchzehen
2 EL Petersilie, glatt
Olivenöl
1 kg Miesmuscheln mit Schale (küchenfertig), frisch oder tiefgekühlt
½ Zitrone, Saft
1 Zitrone

Vor- und Zubereitung: 15 Minuten
Tiefgekühlte Miesmuscheln auftauen lassen

1 Knoblauch und Petersilie hacken. In einem großen Kochtopf im Olivenöl (sollte Boden bedecken) bei kleiner Hitze andünsten.
2 Miesmuscheln kalt abbrausen, offene Muscheln aussortieren und Rest in den Topf geben. Ohne zusätzliche Flüssigkeit zugedeckt aufkochen, dabei den Topf immer wieder rütteln bis die Muscheln geöffnet und gar sind (nicht zu lange, sonst werden sie trocken). Ungeöffnete Muscheln unbedingt wegwerfen!
3 Zitronensaft beifügen und alles mischen. Sofort mit etwas (abgesiebtem) Sud anrichten. Zitrone halbieren und dazu reichen.

Variation Venusmuscheln:
Venusmuscheln ca. 1 Std. in kaltem Wasser mit etwas Salz einlegen. Abtropfen, abbrausen und in Kochtopf mit wenig Weißwein erhitzen bis die Muscheln geöffnet und gar sind (nicht zu lange). In der Zwischenzeit eine Teetasse mit einem Mulltuch überdecken, darüber ein großes Sieb stellen. Venusmuscheln abseihen, dabei den gefilterten Sud in der Teetasse auffangen und beiseite stellen. Kochtopf kurz ausspülen. Knoblauch und Petersilie (und eventuell eine würzige Tomate) hacken und in etwas Olivenöl bei kleiner Hitze andünsten. Etwas Sud beigeben und Venusmuscheln darin schwenken.

Variation Miesmuscheln mit Vinaigrette:
Für die Vinaigrette 1 große Paprikaschote (Farbe nach Belieben) entkernen, Stielansatz und weiße Rippen entfernen. ¼ Gurke schälen, längs halbieren und entkernen. 1 würzige Tomate halbieren, Stielansatz entfernen und Tomate entkernen. Gemüse mit 1 Zwiebel klein würfeln. Etwas glatte Petersilie klein schneiden und mit Essig, Olivenöl, Salz und Pfeffer dazu geben. Alles vermengen.
Gegarte Miesmuscheln abseihen oder mit Lochkelle aus dem Sud heben. Halbieren, allfällige Barthaare entfernen und Schalenhälften mit dem Muschelfleisch dran auf Teller anrichten.
Vinaigrette darauf verteilen. Lauwarm servieren.

Tipp: Für Hauptspeise doppelte Menge zubereiten.

OSSOBUCO AN TOMATEN

2 Personen

1 Zwiebel
1 Knoblauchzehe
3 EL Butter oder 3 TL Ghee
4 Kalbshaxen
Salz und Pfeffer
300 g würzige Tomaten
2,5 dl Rinderbrühe
wenig Petersilie

Vor- und Zubereitung: 20 Minuten
Fleisch 30 Minuten vor dem Braten aus dem Kühlschrank nehmen
Schmoren: 1 ½ Stunden

1 Zwiebel und Knoblauch fein hacken. In der Butter andünsten.
2 Haxen mit Küchenpapier abtupfen. Anbraten. Würzen.
3 Tomaten halbieren, Stielansatz entfernen, Tomaten entkernen und Fruchtfleisch grob würfeln. Zugeben.
4 Brühe angießen, aufkochen. Bei schwacher Hitze zugedeckt schmoren lassen (Fleisch sollte sich etwas vom Knochen lösen). Petersilie klein schneiden und darüber streuen.

Variation: Zusammen mit den Tomaten 1 gewürfelte grüne oder rote Paprikaschote beifügen und am Schluss ein paar schwarze, entsteinte, Oliven ziehen lassen.
Reste können tiefgekühlt werden.

Beilagen-Tipp

SPINAT MIT SÜSSKARTOFFEL

2 Süßkartoffeln
4 EL Oliven- oder Kokosöl
1 TL Currypulver, mild
1 rote Zwiebel
500 g Spinat, frisch
1 TL Balsamico-Essig
Salz und Pfeffer

Vor- und Zubereitung: 25 Minuten

1 Süßkartoffeln schälen und grob würfeln. Im Öl etwa 8 Minuten unter ständigem Rühren andünsten. Curry untermischen.
2 Zwiebel fein hacken und mit Spinat zugeben. Zugedeckt bei schwacher Hitze weich garen (eventuell etwas Wasser beifügen). Mit Balsamico, Salz und Pfeffer abschmecken.

SCHWEINEFILET POCHIERT AUF GEMÜSEBETT

2 Personen

Vor- und Zubereitung: 30 Minuten
Fleisch 30 Minuten vor dem Braten aus dem Kühlschrank nehmen

1 L Rinderbrühe
2 Karotten
1 Kohlrabi
1 Selleriestange
1 Lauchstange
300 g Schweinefilet am Stück

1 Brühe aufkochen.
2 Karotten und Kohlrabi schälen. Mit Sellerie ohne Grün in dünne Scheiben schneiden. Geschnittenes Gemüse zugeben und etwa 10 Minuten zugedeckt bei mittlerer Hitze garen.
3 Grobfasrige Teile beim Lauch entfernen. Stange ebenfalls in dünne Scheiben schneiden. Filet zusammen mit Lauch zur Brühe geben und zugedeckt bei mittlerer Hitze 10 bis 15 Minuten ziehen lassen.
4 Fleisch herausnehmen und in Scheiben schneiden. Gemüse mit Schaumkelle aus der Brühe heben und auf Teller anrichten. Fleisch darauf verteilen. Eventuell Fleisch mit etwas Salz, Pfeffer und Paprikapulver würzen.

Variation: Anstatt Lauch einen Zucchini (ganz) zugeben und am Schluss mit dem Fleisch in Scheiben schneiden.

Tipp: Mit etwas Senf servieren.

AUBERGINEN-HACKFLEISCH-SCHIFFCHEN

2 Personen

2 Auberginen, groß
1 EL Olivenöl
Salz

Füllung:
250 g Hackfleisch
2 EL Olivenöl
1 Tomate
1 rote Paprikaschote
1 Zwiebel, klein
Salz und Pfeffer
1 dl Gemüsebrühe

Vor- und Zubereitung: 25 Minuten
Backofen vorheizen: 220°C
Backen: 1 Stunde (Mitte Backofen)

1 Auberginen mit Enden dran längs halbieren, aushöhlen und Fruchtfleisch beiseite stellen. Halbierte Auberginen mit dem Fruchtfleisch nach oben in eine mit Olivenöl ausgestrichene ofenfeste Form stellen. Leicht salzen.
2 Hackfleisch im Olivenöl etwa 4 Minuten anbraten. Tomate halbieren, Stielansatz entfernen und Tomate entkernen. Paprika entkernen, Stielansatz und weiße Rippen entfernen. Auberginen- und Tomatenfruchtfleisch, Paprika und Zwiebel fein hacken und kurz mitdünsten. Würzen. Hackfleischmasse in die Auberginen füllen. Etwas andrücken.
3 Brühe in Form gießen und mit Alufolie zudecken. 30 Minuten backen, Folie entfernen und nochmals 30 Minuten fertig backen.

Variation: Mit Zucchini zubereiten (Backzeit verkürzt sich).

BANANEN-MAKRONEN

(Foto auf Seite 167)

5 Stück

Vor- und Zubereitung: 10 Minuten
Ofen vorheizen: 180°C
Backen: 15 Minuten (Mitte Ofen)

2 Bananen
100 g Kokosraspel
3 EL Kokosmehl
2 EL Kokosöl (weich oder etwas flüssig)
1 TL Vanillepulver
1 TL Zimtpulver
½ bis 1 EL Honig

1 Bananen mit einer Gabel zerdrücken bis eine cremige Konsistenz entsteht.
2 Restliche Zutaten zugeben und zu einem Bananenbrei gut vermengen. Falls die Konsistenz zu trocken ist, noch eine halbe Banane oder etwas Kokosöl zugeben, andernfalls zusätzlicher Kokosraspel reinmachen.
3 6 esslöffelgrosse Makronen formen, etwas flach drücken und auf einem mit Backpapier belegten Blech legen. 8 Minuten backen, wenden und nochmals 7 Minuten fertig backen.
4 Mit dem Backpapier aus dem Blech nehmen und abkühlen lassen. Können auch im Kühlschrank gekühlt werden.

SPEZIALZUTAT – KOCHBANANE

Die tropische Alternative zur Kartoffel ist neuerdings das ganze Jahr in Supermärkten zu finden. Sie ist deutlich größer als die normale Banane und weniger süß: Wenn sie noch grün ist, schmeckt sie neutral, fast so wie die Kartoffel. Je gelber sie mit der Zeit wird, umso reifer ist sie. Dann entwickelt sie ein leicht „bananiges" Aroma und wird immer süßer. So wird sie zu einer flexiblen Beilage, die in Massen genossen harmlose „gute" Kohlenhydrate liefert.

KARIBISCHES PICADILLO

Kein Rezept bringt die drei Hauptzutaten der Paleo-Küche – Fleisch, Gemüse und Früchte – so genussvoll und aromatisch zusammen wie dieses kubanische Gericht.

Vor- und Zubereitung: 40 Minuten

4 Personen

2 Paprikaschoten (Farbe nach Belieben)
2 Zwiebeln
2 Knoblauchzehen
7 EL Butter oder 7 TL Ghee
600 bis 800 g Hackfleisch
6 Tomaten (oder 5 dl passierte Tomaten)
3 EL Rosinen/Sultaninen
3 EL Oliven, entsteint
1 bis 2 Lorbeerblätter
1 TL Kreuzkümmel (Cumin)
Chilipulver (nach Belieben)
1 Schuss Essig
Salz und Pfeffer
2 Kochbananen, mittelreif (Schale gelb, ersatzweise 3 bis 4 unreife Bananen)

1 Paprika entkernen, Stielansatz und weiße Rippen entfernen. Mit Zwiebeln und Knoblauch klein schneiden. In 3 Esslöffel Butter/Ghee andünsten.
2 Hackfleisch zugeben und unter ständigem Rühren braten, bis es durch gebräunt ist. Stielansatz der Tomaten entfernen und Fruchtfleisch klein würfeln. Mit Rosinen, Oliven, Lorbeer, Kreuzkümmel, Chili und Essig beifügen, alles mit Salz und Pfeffer abrunden. Unter gelegentlichem Umrühren bei schwacher Hitze offen 20 Minuten köcheln lassen, bis das Gericht leicht eindickt.
3 Inzwischen Kochbananen schälen, der Länge nach halbieren und jede Hälfte nochmals in der Mitte quer durchschneiden. In 4 Esslöffel Butter/Ghee bei mittlerer Hitze braten, bis sie goldbraun sind.
4 Lorbeer entfernen. Piccadillo anrichten und mit den gebratenen Bananen darauf servieren.

Variationen: Da es beim Picadillo keine feste Regeln betr. Zutaten gibt, kann man es nach Belieben variieren. Wer mag kann ein paar Kapern zu den oben genannten Zutaten rein nehmen oder auch Gemüsereste eignen sich sehr gut dafür. Auch die Fleischsorte lässt sich beliebig variieren: Geflügel, Fisch, Fleischstücke oder eben Hackfleisch, ähnlich wie bei der Paella.

SCHOKOLADE-BANANEN-CRÈME

2 Personen

3 Bananen
1 dl Kokosmilch
2 EL Kakaopulver, ungesüßt
1 EL Honig (optional)
ein paar Beeren oder eine andere Frucht

Vor- und Zubereitung: 5 Minuten
Kühl stellen: 1 Stunde

1 Bananen in dicke Scheiben schneiden. Mit Kokosmilch, Kakao und Honig gut mixen bis eine cremige Konsistenz entsteht.
2 In 2 Servierschalen füllen und kühl stellen.
3 Vor dem Servieren mit Beeren oder Fruchschnitzen garnieren.

Variation mit Avocado: 1 Avocado, 2 Bananen, 1 bis 2 Esslöffel Kakaopulver zusammen pürieren. Wer es noch süßer mag, kann 1 bis 2 Teelöffel Honig untermischen. Eventuell kurz kühl stellen. Sehr lecker schmeckt die Creme als Topping über reife Beeren, Apfel- oder weich gegarten Birnenschnitzen.
Diese Creme kann nach Belieben variiert werden. Zur Avocado, den Bananen und Kakaopulver etwas Mandelmus mit mixen und z.B. mit grob gehackten ungeschälten und ungesalzenen Pistazien bestreuen.

MARONEN-KEKSE

14 bis 16 Kekse

Vor- und Zubereitung: 15 Minuten
Einweichen lassen: 1 Stunde oder über Nacht
Ofen vorheizen: 180°C
Backen: 20 Minuten (Mitte Ofen)

6 Datteln, getrocknet und entsteint (z.B. Medjool)
400 g geschälte Maronen, tiefgekühlt
2,5 dl Kokosmilch
2 reife Bananen
1 EL Kakaopulver, ungesüßt
1 EL Honig
2 Prisen Süßholzpulver (optional)

1 Datteln und Maronen in Kokosmilch einweichen. Gut pürieren.
2 Den Rest zugeben und nochmals pürieren, bis eine feine Konsistenz entsteht.
3 Je einen Esslöffel Maronenpürée auf ein mit Backpapier ausgelegtes Blech verteilen, dabei genug Abstand dazwischen lassen. Etwas flach drücken (ca. 1 bis 1 ½ cm Höhe). Im Ofen backen.

MARONEN-KOKOSMILCH-GALETTES / PFANNKUCHEN

8 Pfannkuchen / 4 Personen

Vor- und Zubereitung: 30 Minuten

100 g Maronen, gegart und geschält
1 EL Kartoffel- oder Pfeilwurzelmehl
5 Eier
100 ml Kokosmilch
1 Stich Butter
etwas Bratfett (Kokosöl, Butter, Ghee)

1 Alle Zutaten bis und mit Butter im Mixer zu einem leicht dickflüssigen Teig verarbeiten.
2 Etwas Bratfett in einer bei mittlerer Hitze gut vorgewärmten Pfanne schmelzen und darin jeweils 1 Espressotasse Teig zu Pfannkuchen backen. Evtl. mehrere Pfannen gleichzeitig verwenden, bis der ganze Teig zu ca. 8 Pfannkuchen verarbeitet ist.

Tipps: Zum Frühstück oder als Dessert mit heißen Beeren oder Butter und Ahornsirup servieren.
Kann auch zum Frühstück mit Schinken belegt werden.

WINTER

Wärmende Suppen, sattmachende Eintöpfe und Ragout, dämpfende Aufläufe, zarte nieder gegarte Fleischgerichte und wunderbares Wintergemüse vom Feldsalat, Cima di Rapa, Krautstiel/Mangold über verschiedene Kohlarten, Schwarzwurzeln, aber auch Zitrusfrüchte und Ingwer versorgen Sie in der kalten Jahreszeit mit wertvollen Vitalstoffen, damit Sie fit und gesund bleiben. Lassen Sie sich vom Gemüse- und Obstangebot auf dem Markt inspirieren.

Immer noch Saison haben Kürbis, Pastinaken, Knollen- und Stangen-Sellerie sowie Topinambur.

Winterzeit ist Entspannungszeit

Die Natur folgt ihren Zyklen und der Mensch ist keine Ausnahme. Im Jahreszyklus ist der Winter die Jahreszeit der Ruhe: Tiere fallen in den Winterschlaf oder halten Winterruhe und auch der Mensch kann diese Zeit nutzen, um zur Ruhe zu kommen und Kraft für das neue Jahr zu tanken. Das Tageslicht hat einen starken Einfluss auf die Hormone: Über spezielle Rezeptoren im Auge steuert das blaue Licht des Himmels die Ausschüttung von Cortisol, dem „Wach-Hormon“. Bleibt das Tageslicht aus, schüttet der Körper Melatonin aus, ein Hormon das den Schlafzyklus einleitet.

Wenn im Winter die Tage kurz und die Nächte lang sind ist es daher nicht verwunderlich, wenn wir uns in der nördlichen Hemisphäre eher müde und schlapp fühlen: Das ist eine ganz natürliche Folge des Jahreszeiten- und des Tageslicht-Zyklus.

Statt diesen natürlichen Rhythmus etwa mit künstlichem Licht, Kaffee oder anderen Mitteln zu bekämpfen kann man auch die Winterzeit als Entspannungs-Zeit nutzen, indem man:

- Am Wochenende länger ausschläft.
- Sich öfter eine Ruhepause oder ein Mittagsschläfchen gönnt.
- Tageslichtphasen draußen auskostet und dafür am Abend früher zur Ruhe kommt, indem man die Wohnung nur spärlich und mit warmen Farben beleuchtet.
- Die dunkle Zeit zum Nachdenken, reflektieren oder für entspannende, kreative Tätigkeiten nutzt.

Auch mit diesem Hintergrund ist es eine gute Idee, die ersten Wochen des Januars zu nutzen, um über das vergangene Jahr, das eigene Leben, Projekte, Ziele und Wünsche nachzudenken und Pläne für das neue Jahr in Ruhe zu schmieden.

Nüsse eher moderat genießen

In der Paleo-Küche sind Mandeln, Nüsse und nussähnliche Steinfrüchte (Cashews, Paranüsse, etc.) sehr beliebt, weil sie sich als Grundlage für getreidefreies Gebäck oder für Zwischenmahlzeiten eignen. Das ist auf der einen Seite praktisch, denn gerade die Weihnachtszeit bietet eine willkommene Gelegenheit, „Paleo-Kekse" oder „Paleo-Weihnachtsgebäck" zu backen. Allerdings sollte man auf der anderen Seite auch nicht übertreiben, denn Mandeln, Nüsse & Co. haben zwei wesentliche Nachteile mit Getreide und Hülsenfrüchten gemein:

Das Omega-3/Omega-6-Verhältnis ist bei Nüssen eher ungünstig
Die mehrfach ungesättigten Fettsäuren der Omega-3- und der Omega-6-Reihe spielen eine wichtige Rolle im Körper: Sie regeln Entzündungsprozesse, helfen bei der Übertragung biochemischer Signale, sind unverzichtbarer Bestandteil der Zellmembranen und spielen beim Aufbau von Hirn-, Nerven-, Herz- und Muskelgewebe eine wichtige Rolle. Sie werden auch als essenziell bezeichnet, weil der Körper sie nicht selber herstellen kann, sondern diese über die Nahrung aufnehmen muss.

Dabei ist es wichtig, ein bestimmtes Verhältnis zwischen Omega-3 und Omega-6 einzuhalten, denn diese beiden Familien konkurrieren im Körper um die Nutzung bestimmter Enzyme: Ist eine Familie im Überfluss vorhanden, können bestimmte Stoffwechsel-Prozesse zu kurz kommen und es können Mangelerscheinungen, Entzündungen oder andere Nachteile auftreten. Ein Verhältnis von 1:1 bis 4:1 von Omega-6 zu Omega-3 gilt für den

Menschen als gesund, leider erreichen das nur die Wenigsten, vor allem wenn sie weiter weg vom Meer wohnen. Denn Omega-3-Fettsäuren, vor allem die Varianten EPA und DHA sind für den Körper nur von tierischen Quellen gut verwertbar und dabei sind Fisch und Meeresfrüchte die wichtigsten Vertreter. Dagegen treten Omega-6-Fettsäuren bei Nüssen, Samen, Getreide und Hülsenfrüchten sowie ihren Ölen in viel höheren Mengen auf. Da die Paleo-Ernährung bewusst auf Getreide, Hülsenfrüchte und daraus hergestellte Pflanzenöle verzichtet, begünstigt sie damit automatisch ein besseres Omega-3/Omega-6-Verhältnis. Wer aber einen Verzicht auf Getreide durch einen Mehrkonsum von Nüssen in Form von Snacks oder „Paleo-Gebäck" ersetzt, hat hier nicht viel gewonnen.

Phytinsäure: Eine natürliche Mineralienfalle

Eine weitere Gemeinsamkeit zwischen Getreide, Hülsenfrüchten und Nüssen: Die Phytinsäure. Dieser Stoff dient der Pflanze als Speichermittel für Mineralien. Diese werden durch die spezielle molekulare Form der Phytinsäure wie in einem Käfig festgehalten. Über die Phytase können Pflanzen den Phytinsäure-„Käfig" wieder aufschließen und so die Mineralstoffe nutzen. Dem Menschen aber fehlt dieses Enzym: Ist Phytinsäure in der Nahrung vorhanden, kann sie einen Großteil der Mineralstoffe so binden, dass sie vom menschlichen Körper nicht mehr aufgenommen werden können. Kochen, rösten, einlegen oder fermentieren kann in bestimmten Fällen einen kleinen Teil der Phytinsäure abbauen, in der Regel aber bedeutet die Phytinsäure in der Nahrung eine erheblich verminderte Aufnahme von Mineralien für den Menschen.

Die meisten Nüsse gehören dabei zu den Spitzenreitern, wenn es um den Gehalt an Phytinsäure geht. Den höchsten Gehalt haben Mandeln, Walnüsse und Paranüsse. Dagegen enthalten Kastanien, Pinienkerne, Kokosnüsse und Haselnüsse vergleichsweise geringere Mengen von Phytinsäure.

Nüsse: Willkommene Ausnahme, aber kein Grundnahrungsmittel

Es wäre verkehrt, vor dem Konsum von Nüssen zu warnen, denn sie enthalten auch viele wertvolle Stoffe und schmecken einfach gut. Daher ist es besser, ein paar einfache Tipps für den Umgang mit Nüssen zu befolgen:

- Nüsse sollten eine Beigabe sein und keine Hauptzutat.
- „Paleo-Gebäck" aus Nüssen sollte man als Ausnahme betrachten und z.B. nur am Wochenende oder zu besonderen Anlässen genießen.
- Nuss-Snacks und Gerichte mit vielen Nüssen lieber mit ein paar Stunden Abstand von den Hauptmahlzeiten einnehmen. So kann der Körper die Mineralien aus den Hauptgerichten besser verwerten.
- Wer gerne Nüsse isst, sollte auch häufiger Fisch und Meeresfrüchte essen. So kann man sein Omega-3/Omega-6-Verhältnis wieder ausgleichen.

Schonend gekochte und schmackhafte Suppen und Saucen aus dem Slow-Cooker

In den USA weit verbreitet, im deutschen Sprachraum kaum bekannt: Der Slow-Cooker. Bei diesem Kochgerät handelt es sich um einen Keramik-Topf mit ca. 3 bis 7 Liter Fassungsvermögen, der zugedeckt in einer elektrisch beheizten, meist aus Aluminium bestehenden Fassung sitzt. Über einen Drehregler stellt man die Temperatur grob ein: niedrig/mittel/hoch. Je nach Einstellung erhitzt und hält der Slow-Cooker das Gargut auf Temperaturen zwischen 80 und 90 Grad Celsius. Mit einem Slow-Cooker kocht man das Essen bei niedrigeren Temperaturen unter dem Siedepunkt, dafür länger – typisch sind hier 6 bis 12 Stunden. Diese Methode führt dazu, dass auch sehr zähes Fleisch angenehm weich gekocht wird, während Muskelfasern, die bei längerem Braten bei hoher Hitze sonst zäh werden könnten weich bleiben. Gleichzeitig haben alle Zutaten im Topf lange Zeit, bei schonenden Temperaturen chemische Reaktionen einzugehen und dabei neue Aromen zu bilden.

Das Kochen mit dem Slow-Cooker ist einfach: Man bereitet alle Zutaten vor, erhitzt Gemüse und Fleisch in der Pfanne kurz bei hohen Temperaturen, um typische Brat-Aromen zu erzeugen und gibt dann alle Zutaten in den Slow-Cooker. Dann gießt man Flüssigkeit (Wasser oder Brühe) auf, bis alle Zutaten bedeckt sind und stellt die Temperatur auf Low/Medium/High ein, je nach Zähigkeit des Garguts und Zeit-Budget. Nach 6 bis 12 Stunden (etwa über Nacht) ist die Suppe oder Soße fertig.

Prinzipiell kann man jedes Suppen- und Soßen-Rezept leicht zu einem Slow-Cooker-Rezept abwandeln, indem man zwei Dinge beachtet:

- Statt das Gericht wie im ursprünglichen Rezept wenige Stunden garen zu lassen, gart man es im Slow-Cooker bei niedrigeren Temperaturen („Low"-Einstellung) für 8 bis 10 Stunden.
- Kräuter, Gewürze und andere aromatische Zutaten verlieren durch die längere Garzeit ihr Aroma schneller. Um das zu kompensieren kann man diese erst später hinzufügen (ca. 1 Stunde vor Ende der Garzeit) oder man nimmt entsprechend mehr davon.

Das Kochen mit dem Slow-Cooker ist nicht nur schmackhaft, es spart auch Geld, denn damit kann man auch die günstigeren, weil zäheren Fleisch-Stücke wie z.B. Beinscheiben auf einfache Weise zu leckeren Eintöpfen verarbeiten. Auch kann man über längere Zeit Knochenstücke im Gefrierschrank sammeln und dann an einem Wochenende daraus Knochenbrühe im Slow-Cooker kochen. Der Slow-Cooker selbst kann mit ca. 40 bis 60 Euro recht günstig erworben werden.

BOEUF BOURGUIGNON

Vor- und Zubereitung: 1 Stunde
Köcheln: 6 bis 8 Stunden

5 bis 6 dicke Scheiben Speck
1 bis 1,5 kg Rindfleisch (z.B. Gulasch, Tafelspitz o.ä.), in ca. 1 ½ bis 2 cm große Würfel geschnitten
Salz und Pfeffer
0,5 Liter Rotwein (eine gute Sorte, die man auch gerne trinken würde)
2 bis 3 EL Kokosöl
2 Zwiebeln, in Scheiben geschnitten
3 Karotten, in kleine Würfel geschnitten
3 Stangen Sellerie, gewürfelt
2 Knoblauchzehen, klein gehackt
1 EL Tomatenmark
500 g Champignons, in Scheiben geschnitten
3 bis 4 Zweige Thymian
1 Blatt Lorbeer
250 bis 300 ml Rinds- oder Geflügelfond oder Knochenbrühe
Petersilie, klein gehackt

1 Einen Slow-Cooker („Crockpot“) auf Stufe „Low“ vorheizen.
2 Eine große Pfanne auf mittlere Hitze erwärmen. Den Speck darin auslassen, bis er golden und knusprig ist und das gesamte Fett ausgelassen ist. Mit einem Schöpflöffel oder Pfannenwender den Speck aus der Pfanne nehmen, auf einem Küchenpapier trocknen lassen und beiseite stellen. Das Fett in einer kleinen Schüssel aufbewahren, ca. 1 EL in der Pfanne belassen.
3 Die Fleischwürfel zwischen zwei Küchentücher trocken tupfen. Die Pfanne auf mittlere bis hohe Hitze bringen. Sobald das Fett anfängt, leicht zu rauchen, die Fleischwürfel leicht salzen und pfeffern und die Pfanne damit auslegen, dabei genug Raum zwischen den Würfeln belassen (ca. 1/4 der Gesamtmenge Fleisch). 1 bis 2 Minuten scharf anbraten, dann wenden und wieder 1 bis 2 Minuten braten. Danach die Fleischwürfel in den Slow-Cooker geben. Einen guten Schuss Rotwein in die Pfanne geben, bis der gesamte Boden bedeckt ist und die Rückstände auf dem Boden mit dem Rotwein und einem Pfannenwender lösen. Den Pfanneninhalt zum Fleisch in den Slow-Cooker geben. 1 Esslöffel Fett vom Speck in die Pfanne geben und den Vorgang wiederholen, bis das gesamte Fleisch angebraten ist und im Slow-Cooker bzw. der Auflaufform ist. Wenn das Fett vom Speck aufgebraucht ist, Kokosöl verwenden.
4 1 Esslöffel Fett vom Speck oder Kokosöl in die Pfanne geben und die Hitze auf ein mittleres Maß reduzieren. Die Zwiebelscheiben mit einer Prise Salz in 6 bis 8 Minuten braten, bis sie weich und leicht bräunlich sind. Die Karotten- und Selleriestangenwürfel zu den

Zwiebeln geben, umrühren und braten, bis sie weich sind. Den gehackten Knoblauch und das Tomatenmark hinzugeben und ca. 1 bis 2 Minuten umrühren. Die Gemüsemischung zum Fleisch in den Slow-Cooker geben.

5 Die Pfanne säubern und 1 Esslöffel Fett/Öl auf mittlerer Stufe erhitzen. Darin die Champignon-Scheiben mit einer Prise Salz braten, bis sie ihre Flüssigkeit abgegeben haben, diese verdampft ist und die Champignons leicht gebräunt sind (8 bis 10 Minuten). Die Champignons getrennt vom Speck und Fleisch beiseite stellen.

6 Das Fleisch und das Gemüse im Slow-Cooker mit 1 Teelöffel Salz gründlich verrühren. Die Thymian-Blätter ab zupfen und dazu rühren, das Lorbeerblatt hineinstecken. Mit dem restlichen Rotwein und dem Fond/Brühe auffüllen, bis das Gefäß zu gut 3/4 mit Flüssigkeit gefüllt ist und die Fleischstücke/das Gemüse leicht herausstehen. Die Flüssigkeit soll also nicht ganz alles abdecken. Den Slow-Cooker zudecken und 6 bis 8 Stunden auf Stufe „low“ kochen lassen, dabei nicht den Deckel anheben oder umrühren.

7 Zum Schluss den Speck und die Champignons-Scheiben dazugeben, gründlich verrühren und alles nochmal 10 Minuten auf Slow-Cooker Stufe „high“ aufwärmen lassen.

8 Mit Petersilie garniert servieren.

ZUCCHINI-KAROTTEN-JULIENNE MIT BOLOGNESE-SAUCE

Zucchini-Karotten-Julienne:

3 Karotten
3 Zucchini
2 EL Olivenöl
½ TL Salz

Sauce Bolognese:

2 bis 3 Zwiebeln, klein gehackt
4 bis 5 Knoblauchzehen, klein gehackt
9 EL Olivenöl
400 g Hackfleisch
2 bis 3 Markknochen-Stücke (jeweils etwa Daumenlänge, je nach Angebot des Metzgers)
2 bis 3 Karotten, in Scheiben geschnitten
ca. 750 g passierte Tomaten
1 EL Honig
1 bis 2 Schuss Zitronensaft oder Apfelessig
1 EL Oregano
1 ½ TL Salz
½ Bund Basilikum, klein gehackt
1 Zimtstange
½ TL Pfeffer
½ Bund Petersilie, klein gehackt

Vor- und Zubereitung Sauce Bolognese: 20 Minuten
Köcheln: 8 Stunden

1 Die gehackten Zwiebeln mit dem gehackten Knoblauch 2 bis 3 Minuten bei mittlerer Hitze in 3 Esslöffel Olivenöl anbraten und in den Slow-Cooker geben.
2 Das Hackfleisch 2 bis 3 Minuten bei mittlerer Hitze in 3 Esslöffel Olivenöl anbraten und ebenfalls in den Slow-Cooker geben.
3 Die Markknochen-Stücke von beiden Seiten 2 bis 3 Minuten bei mittlerer Hitze in 3 Esslöffel Olivenöl anbraten und ebenfalls in den Slow-Cooker geben.
4 Alle anderen Zutaten bis auf die Petersilie in den Slow-Cooker geben und das Ganze bei mittlerer Temperatur-Einstellung und geschlossenem Deckel 8 Stunden garen.
5 10 Minuten vor dem Servieren die Petersilie hinzugeben.

Vor- und Zubereitung Zucchini-Karotten-Julienne: 30 Minuten

1 Gemüse mit Gemüsetwister oder Julienne-Schneider oder einem Sparschäler zu Nudel-artigen Streifen verarbeiten.
2 Die Gemüse-Julienne in einer Schüssel mit dem Olivenöl und dem Salz vermengen und ca. 20 Minuten ziehen lassen.
3 Die Gemüse-Julienne mit der Sauce anrichten.

KNOCHENBRÜHE

Knochenbrühe gehört zu den neu entdeckten „Superfoods", weil sie reich an Mineralien und wertvollem Kollagen-Eiweiß ist. In früheren Zeiten und in anderen Kulturen ist es nicht unüblich, regelmäßig über Tage oder Wochen hinweg die Knochenreste zu Knochenbrühe zu verarbeiten und damit zu helfen, das ganze Tier zu verwerten und nicht nur die beliebtesten Stücke.
Das Prinzip ist einfach: Damit Knochen und zähes Bindegewebe sich auflöst, muss es lange bei niedrigen Temperaturen und unter Einfluss von Säure kochen. Dazu kann man Knochenreste, am besten komplett mit Knorpel- und Sehnenresten verwenden. Jede Art Knochen eignet sich dafür. Die Knochen kocht man längere Zeit mit Essig oder Zitronensaft im Slow-Cooker, um Mineralien aus dem Knochen und Bindegewebe aufzulösen. Dabei kann man periodisch die Brühe abschöpfen und aufbewahren und durch Hinzugabe von Wasser und Säure weitere Koch-Runden starten. Den Vorgang kann man beliebig oft wiederholen, je nach Ergiebigkeit der resultierenden Brühe und Vorhandensein von Knochenresten.
Knochenbrühe ist leicht herzustellen, schmackhaft und sie lässt sich einfach einfrieren, um sie später in Suppen und Soßen als Grundlage zu verwenden. Allerdings tendiert die erste Runde Flüssigkeit aufgrund von Blut- und anderen Resten dazu, etwas bitter oder unangenehm zu schmecken, so dass viele die erste Brühe auslassen und weg schütten.
Um die Knochenbrühe zu variieren kann man die Knochenstücke vor dem Kochen im Ofen oder in einer Pfanne anrösten oder auch Gemüse (Karotten, Zwiebeln, Knoblauch) mitkochen.

Grundrezept

Knochen, Knorpel, Bindegewebe (z.B. Ochsenschwanz, Reste vom Fleischer oder aus anderen Gerichten)
Essig (z.B. Weinessig, Apfelessig etc.) oder Zitronensaft

Vor- und Zubereitung: 5 Minuten
Köcheln: 8 Stunden pro Runde

1 Die Knochen in einen Slow-Cooker geben und mit Wasser auffüllen bis sie gerade bedeckt sind.
2 Für die erste Runde, den Slow-Cooker auf „low" stellen, zudecken und die Knochen aufwärmen lassen.

3 Nach einer Stunde die Flüssigkeit weg schütten und mit Wasser auffüllen. Jetzt einen guten Schuss (2 bis 3 Esslöffel) Essig oder Zitronensaft hinzugeben.
4 Nach 8 Stunden ist die erste Runde fertig. Je nach Menge von Fleischresten erhält man jetzt eine Fleischsuppe mit Fleisch-Stückchen, die man nur noch mit Salz und Pfeffer zu würzen braucht und nach Belieben mit etwas Gemüse ergänzen kann. Nach dem Abschöpfen kann man den Slow-Cooker wieder mit Wasser und Säure auffüllen und eine neue Runde beginnen.
5 Nach weiteren 8 Stunden kann man die zweite Runde Knochenbrühe abschöpfen und einfrieren oder gleich verwenden.
6 Je nach Menge von Knochenresten kann man bei Lust und Bedarf beliebig viele weitere Runden kochen.

KRAFTBRÜHE

Gerade zur kalten Jahreszeit sollte eine selbstgemachte Hühnersuppe öfter mal auf den Tisch kommen. Was Oma schon wusste, scheint sich zu bestätigen: Hühnersuppe wirkt gegen verschiedene Erkrankungen, allen voran Erkältungen. Darüber hinaus enthält sie viele gesunde Inhaltsstoffe wie Vitamine, Eisen und Zink – das gibt Power für das geschwächte Immunsystem. Durch das lange Kochen werden zudem Kalzium und Mineralien aus den Knochen gelöst, die die Suppe noch wertvoller machen.

Vor- und Zubereitung: 15 Minuten
Köcheln: 2 Stunden

1 Huhn (etwa 1,2 kg)
1 Knollensellerie, klein
1 Selleriestange
1 Lauchstange
1 Karotte
5 bis 6 Petersilienstiele oder 1 Petersilienwurzel
1 Zwiebel
1 Nelke
8 Pfefferkörner schwarz
Salz

1 Beim Huhn eventuell Fettdrüse am Schwanz abschneiden: Bleibt diese dran, könnte die Hühnersuppe einen etwas tranigen Geschmack bekommen. In einen großen Kochtopf legen.
2 Für das Suppengrün Knollensellerie schälen und grob würfeln. Selleriestange mit dem Grün halbieren. Grobfasrige Teile beim Lauch entfernen, Stange halbieren. Ungeschälte Karotte in grobe Stücke schneiden. Knollenselleriewürfel, Selleriestange- und Lauchhälften, Karottenstücke und Petersilienstiele oder Petersilienwurzel zum Huhn geben.
3 Ungeschälte Zwiebel mit Nelke bestecken, mit Pfefferkörnern, 3 Liter Wasser und 1 Esslöffel Salz beifügen. Aufkochen. Hitze reduzieren und Kochtopf bis auf einen kleinen Spalt zudecken. Inhalt etwa 2 Stunden leicht köcheln lassen (nach 1 Stunde eventuell nochmals mit etwas Salz abschmecken). Den Topfinhalt durch ein (mit einem Mulltuch ausgelegtes) großes Sieb in einen Kochtopf abseihen.

Tipps: Hühnerfleisch in Stücke zupfen und als Suppeneinlage verwenden.
Nach dem Anrichten etwas Schnittlauch über die Suppe streuen.
Kaltes Hühnerfleisch auf Salatteller anrichten oder einen Geflügelsalat damit zubereiten (Hühnerstücke mit Kräutern, Oliven, Salatgurke, Selleriestange, Tomate, Walnüssen, Zwiebel etc. und einer Sauce aus Essig, Olivenöl, Salz und Pfeffer vermengen).
Vorrat: Brühe portionenweise tiefkühlen (2,5 dl bis 3 dl pro Person, 6 Monate haltbar).

Entfetten: Man lässt die Brühe etwas abkühlen und schöpft die Fettaugen mit einem Löffel von der Oberfläche ab. Fast völlig entfettete Brühe erhält man, wenn diese vollständig erkaltet ist. Man hebt die weiße Fettschicht mit einer Gabel ab und seiht die Brühe noch einmal durch.

Klären: Um die Hühnerbrühe zu klären, verquirlen Sie 2 Eiweiße und rühren diese in die warme Brühe ein. Lassen Sie diese aufkochen. Die feinen Eiweisspartikel, die sich dabei bilden, binden die Trübstoffe und müssen abgeschöpft werden. Anschließend durch ein Mulltuch abseihen.

Extrakt: Die entfettete, geklärte Brühe im offenen Topf so lange bei schwacher Hitze kochen, bis sich die Flüssigkeit um etwa einen Drittel reduziert hat. Portionieren, in Eiswürfelschalen füllen und einfrieren lassen.

SIEDFLEISCH / POT-AU-FEU

2 bis 3 Personen

Vor- und Zubereitung: 30 Minuten
Sieden und Garen: 2 Stunden
Fleisch 1 Stunde vorher aus dem Kühlschrank nehmen
Am besten am Vortag zubereiten

1 Zwiebel
2 Nelken
1 Lorbeerblatt
2 Markbeine
12 Karotten
1 Knollensellerie, klein
12 Lauchstangen
1 Selleriestange
6 Petersilienstiele
10 schwarze Pfefferkörner
Rinds- oder Gemüsebrühwürfel/-pulver (Menge für 1,5 Liter Wasser)
1,5 kg Siedfleisch, durchzogen (am Stück oder in 2 Stücken)
Salz
1 Wirz
Senf (ohne Zucker)

1 2,5 Liter Wasser in großen Kochtopf geben.
2 Zutaten zugeben: ungeschälte Zwiebel mit Nelken und Lorbeer bestecken, Markbeine kalt abspülen, 1 ungeschälte Karotte halbieren, Knollensellerie schälen und halbieren, Lauchblätter von einer Stange, Selleriestange ohne Grün, Petersilienstiele und Pfefferkörner. Aufkochen und bei mittlerer Hitze zugedeckt etwa 10 Minuten köcheln lassen.
3 Brühwürfel oder -pulver, Fleisch und 1 Teelöffel Salz beifügen. Nochmals kurz aufkochen. Bei schwacher Hitze zugedeckt etwa 1 ½ Stunden sieden. Gemüse herausnehmen. Mit Salz nochmals abschmecken.
4 Grobfasrige Teile beim restlichen Lauch entfernen, übrige Karotten schälen, Wirz halbieren und zugeben. Nochmals kurz aufkochen. Bei schwacher Hitze Gemüse zugedeckt 30 Minuten weich garen. Abkühlen lassen und zugedeckt (am besten über Nacht) in den Kühlschrank stellen (Fleisch lässt sich besser schneiden, wenn es kalt ist). Siedfleisch schneiden und mit Markbeinen in einen separaten Kochtopf legen. Mit Brühe bedecken. Gemüse in anderen Kochtopf geben und mit Brühe knapp bedecken. Aufkochen und anrichten. Senf dazu reichen.

Variation: Anstatt Senf Kürbiskernpesto dazu reichen: 40 g bis 50 g Kürbiskerne ohne Bratfett rösten, 2 Schalotten grob hacken, 1 Teelöffel Balsamico-Essig, 1 dl Wasser oder Brühe, 4 Esslöffel Kürbiskern- oder Olivenöl, ½ Teelöffel Oreganoblätter, Salz und Pfeffer zusammen pürieren.

Reste sind vielseitig einsetzbar

- Fleisch und Gemüse separat mit Flüssigkeit bedeckt nochmals zugedeckt über Nacht kühl stellen und am nächsten Tag wieder aufwärmen oder gleich einfrieren.
- Fleisch kann auch als Siedfleisch mit einer Vinaigrette (gewürfelte Cherrytomaten und Gurkenstücke, Oliven, Schalotte, Petersilie mit Balsamico-Essig, Olivenöl, etwas Rinderbrühe, Salz und Pfeffer) und Flüssigkeit als Suppe serviert werden.
- Etwa 300 g bis 400 g Fleisch am Stück mit etwas Brühe wieder kühl stellen oder tiefkühlen und zu einem späteren Zeitpunkt in Scheiben schneiden.
- Gemüse kann mit etwas Flüssigkeit püriert und als Gemüsesuppe verwendet werden.

CIMA DI RAPA (STENGELKOHL, RÜBSTIEL oder im Herkunftsland Italien auch BROCCOLETTI genannt)

Cima di Rapa stammt ursprünglich aus dem Mittelmeerraum und wird heute auch in anderen Ländern Europas angepflanzt. Dieses Kohlgemüse gilt als Delikatesse und bringt im Winter Abwechslung auf den Teller. Cima di Rapa hat lange Stiele, schön glänzende dunkelgrüne Blätter und in der Mitte kleine Röschen, die aussehen wie Brokkoli. Cima di Rapa schmeckt ähnlich wie Weißkohl, hat aber eine bittere Note. Einheimischer Cima di Rapa gelangt zwischen November/Dezember und Februar in die Läden.

Lagerung: Im Gemüsefach des Kühlschranks.

Vor- und Zubereitung: 20 Minuten

2 Personen

1,5 kg bis 2 kg Cima di Rapa
4 EL Olivenöl
3 bis 4 Knoblauchzehen
Salz
wenig Chilipulver

1 Beim Cima di Rapa die Stengel großzügig entfernen oder die Blätter und Röschen abstreifen. Blätter in etwas siedendem Wasser offen bei mittlerer Hitze kochen, bis diese zusammenfallen und die harten Teile weich sind. Abseihen, abkühlen lassen und leicht auspressen. Grob zerkleinern.
2 Cima di Rapa im Olivenöl, mit den leicht zerdrückten oder halbierten Knoblauchzehen, Salz und Chili unter ständigem Rühren kurz braten (sautieren).

Tipp: Kann auch vorbereitet werden: Blanchiertes Gemüse im Sieb belassen und mit einem Kochtopfdeckel zudecken. Über Nacht in einem Behälter oder zwischen zwei Tellern im Kühlschrank aufbewahren.

Variation: Cima di Rapa (ohne harten Stengel) zerkleinern, in Öl und gehackter Zwiebel andünsten, mit Kräutern und Salz zugedeckt weich garen. Am Schluss 1 Esslöffel Essig untermischen. Auch zerkleinerte Tomaten können gegen den Schluss noch mit gegart werden.

2 Lachsfilets (je etwa 200 g), ohne Haut
1 TL Kokosöl
Salz

Pistazien-Oliven-Kruste:
40 g geschälte Pistazien, ungesalzen
40 g schwarze Oliven, entsteint
etwas Petersilie, glatt
Salz und Pfeffer

Dazu passt:

LACHSFILET MIT PISTAZIEN-OLIVENHAUBE

Vor- und Zubereitung: 10 Minuten
Backofen vorheizen: 220°C
Backen: 5 bis 10 Minuten (obere Hälfte des Backofens)

1 Für die Kruste Pistazien, Oliven und Petersilie grob hacken. Mit Salz und Pfeffer vermengen.
2 Lachs kalt abbrausen, mit Küchenpapier abtupfen.
3 Eine ofenfeste Form mit Kokosöl einfetten und die Lachsfilets reinlegen. Mit Salz würzen. Pistazien-Oliven-Masse darauf verteilen, leicht andrücken. Im Ofen backen (Fisch sollte nicht durchgebraten sein).

FELDSALAT

Der Feldsalat ist der klassische Wintersalat. In der Zeit von Oktober bis März ist dieser im Handel frisch erhältlich.

Der Feldsalat sollte als Fitmacher im Winter ruhig häufiger auf dem Speiseplan stehen. Ganz köstlich schmeckt er mit fein gehackten Zwiebeln, geblätterten (rohe oder gekochte) Champignons oder ohne Fettzugabe knusprig gebratene Speckwürfelchen. Aber auch Randen- (Rote Beten) und/oder Kürbiswürfelchen, Walnusskerne, harte Eier und Sprossen passen gut dazu. Wichtig ist, den Salat im allerletzten Moment mit der Sauce mischen, weil er schnell zusammenfällt. Und nur wenig Sauce verwenden, damit sein delikates Aroma nicht übertönt wird.

Lagerung: Man sollte ihn am besten sofort essen, da er nicht unbedingt für eine Lagerung geeignet ist. Wenn man diesen trotzdem lagern muss, dann am besten im Kühlschrank zugedeckt in einer Salatschleuder oder Frischhalteschüssel mit Gitter-Einsatz am Boden.

FELDSALAT MIT BRESAOLA UND GRÜNEM PFEFFER

2 Personen

100 g bis 120 g Feldsalat
1 Orange
70 g Bresaola-Aufschnitt

Vinaigrette:
1 TL grüne, eingelegte Pfefferkörner
2 EL Balsamico-Essig, dunkel
3 EL Olivenöl
Salz und wenig Pfeffer

Vor- und Zubereitung: 10 Minuten

1 Feldsalat in Teller auslegen. Orange schälen und filetieren. Schnitze darauf verteilen.
2 Für die Vinaigrette alle Zutaten vermengen. Auf Salat träufeln.
3 Bresaola darauf legen und servieren.

Variation: Andere Fruchtschnitze verwenden (Apfel, Birne).

Tipp: Doppelte Menge zubereiten und als Hauptspeise servieren.

FELDSALAT MIT FENCHEL UND KALBSNIEREN

2 Personen

Vor- und Zubereitung: 30 Minuten
Kalbsnieren auftauen lassen

wenig Zitronensaft
2 Fenchelknollen
1 EL Pinienkerne
60 g bis 80 g Feldsalat
500 g bis 600 g Kalbsnieren, frisch oder tiefgekühlt
1 Knoblauchzehe
2 EL Butter oder 1 EL Ghee
Salz und Pfeffer
1 EL Petersilie, glatt

Sauce:
1 Knoblauchzehe
2 EL Petersilie, gekraust
4 EL Essig
4 EL Olivenöl
Salz und wenig Pfeffer

1 Wenig Salzwasser mit Zitronensaft aufkochen. Fenchel vierteln, Strunkansatz entfernen und Fenchelfrucht offen 5 Minuten weich garen. Mit Lochkelle herausheben. Alternativ Fenchelstücke im Steamer/Dampf garen.
2 Inzwischen für die Sauce Knoblauch und Petersilie fein hacken. Mit den restlichen Zutaten verrühren. Pinienkerne ohne Fettzugabe rösten.
3 Feldsalat in Teller anrichten. Fenchelviertel herum verteilen und Sauce darüber träufeln. Mit gerösteten Pinienkernen bestreuen.
4 Kalbsnieren (aufgetaut) kalt abbrausen, mit Küchenpapier abtupfen. Die Harnstränge herausschneiden und in 1 bis 1,5 cm dicke Scheiben schneiden.
5 Knoblauch fein hacken und mit Kalbsnierenscheiben in der Butter bei starker Hitze offen braten (sollten innen leicht rosa sein, aber nicht blutig). Würzen und auf Salat anrichten. Petersilie grob schneiden oder zerzupfen und darüber streuen.

KOHL

In der kalten Jahreszeit ist Kohl eine ideale Quelle für Vitamin C. Nicht umsonst erntet man diesen im Winter. Wer nach Kohlverzehr zu Blähungen neigt, kann die verschiedenen Arten mit etwas Kümmel- oder Fenchelsamen dünsten oder braten. So werden sie leichter verdaulich.

Roh und fein geschnitten gibt man Weiß-, Grün- oder Rotkohl in den Salat, gedünstet ist er eine Bereicherung für Eintöpfe, Gemüsegerichte und Suppen. Gewöhnlich ist Kohl als Rohkost am Anfang der Mahlzeit leichter verdaulich.

Rotkohlgemüse: 1 gehackte Zwiebel in wenig Olivenöl andünsten. 1 kleinen Rotkabis (Rotkraut) vierteln, harten Strunkansatz entfernen und in feine Streifen schneiden. ½ säuerlichen Apfel schälen, Kerngehäuse entfernen und klein würfeln. Mit 1 Nelke und 1 Lorbeerblatt zusammen 5 Minuten mitdünsten. 0,5 dl Essig und 2 dl kräftige Gemüsebrühe angießen und bei schwacher Hitze zugedeckt 40 Minuten garen. Mehrmals rühren und bei Bedarf Wasser zugeben. Mit wenig Meersalz würzen.
Tipps: Essig ist wichtig, da dieser verhindert, dass der Rotkohl blau wird beim Kochen. Rotkohl entfaltet sein volles Aroma, wenn man es zum zweiten Mal aufwärmt. Also immer genügend große Portionen kochen, denn die Reste schmecken am besten!

Sehr raffiniert mit glasierten Maronen dazu: 300 g bis 400 g tiefgekühlte Maronen antauen, etwas Wasser angießen und zugedeckt 10 Minuten garen lassen. Weiter offen köcheln lassen bis das Wasser verdampft ist. 1 bis 2 Esslöffel Honig mit Maronen mischen und kurz aufkochen. Auf Rotkohlgemüse servieren.

Rotkohl-Suppe: 400 g Rotkohl vierteln und Strunkansatz keilförmig herausschneiden. Blätter in feine Streifen schneiden. 1 Zwiebel fein hacken. 2 Esslöffel Olivenöl und 1 Esslöffel Butter erwärmen. Rotkohlstreifen und gehackte Zwiebel andünsten. Bei kleiner Hitze zugedeckt knapp weich garen. Mit 2 Esslöffel Balsamico-Essig ablöschen und mit Salz, Pfeffer und eine Prise Piment würzen. 7,5 dl Gemüsebrühe angießen, aufkochen und Gemüse weich garen. Pürieren und mit etwas Schnittlauch bestreuen.

Weißkohlgemüse: 1 gehackte Zwiebel in wenig Olivenöl andünsten. 1 kleinen Weißkohl vierteln, harten Strunkansatz entfernen und in feine Streifen schneiden. 5 Minuten mitdünsten. 2 dl kräftige Gemüsebrühe angießen und bei schwacher Hitze zugedeckt 20 Minuten garen. Mehrmals rühren und bei Bedarf Wasser zugeben. Mit wenig Meersalz und Pfeffer würzen. Gut dazu passt angebratenes Hackfleisch, welches darüber gestreut wird.

Sauerkraut ist eine traditionelle Form des Fermentierens. Dieser Vorgang der mikrobiellen Umwandlung durch Vorverdauung durch Mikroben erschaffen neue Aromen und schützen Nahrung vor dem Verderben. Es entstand zu einer Zeit, als die meisten Menschen keinen Zugang zu Kühltechnik hatten und soll durch die probiotischen Effekte besondere gesundheitliche Vorzüge aufweisen.

Sauerkraut ist ein wunderbares Fermentierungsobjekt für Anfänger, da es sich relativ einfach zubereiten lässt und man keine Bakterienkulturen braucht.

Grundrezept Sauerkraut (900 g Kohl, ca. 2 EL Salz)
Äußere Blätter des Kohlkopfs (Weiß-, Grün- oder Rotkohl) entfernen. Kohl in Viertel schneiden, das Herz entfernen. Blätter und Herz aufheben. Kohl raspeln. Mit Salz vermengen (ca. 2-3 % Salz im Verhältnis zum Gewicht des gehackten Kohls). 2 bis 15 Minuten gut kneten bis er weich und saftig ist. In ein Glasgefäß (Fassungsvermögen ca. 1 Liter) füllen und fest drücken, so dass keine Lufteinschlüsse vorhanden sind. Der Kohl sollte ganz mit Flüssigkeit bedeckt sein. Es sollte mindestens ein Abstand von 2 ½ cm zwischen der Lake und den oberen Rand des Gefäßes sein. Geraspelten Kohl mit 2 Kohlblättern und ein Stück des Kohlherzens abdecken, so dass der Deckel des Gefäßes auf das Kohlherz und dieses den geraspelten Kohl unter die Flüssigkeit drückt. Zugedeckt 3 Tage bis 6 Monate an einem lauwarmen Ort (nicht an der Sonne) stehen lassen. In der ersten Woche kann sich Kohlendioxid bilden. Dieses sollte durch ein kurzes Öffnen und wieder Schließen des Deckels entfernt werden. Wenn das gewünschte Fermentierungsstadium erreicht ist (immer wieder probieren), im Kühlschrank (Fermentierung wird gestoppt) oder kühlen Keller (wird weiter fermentieren und allmählich saurer) langfristig lagern.

Man findet aber auch sehr gutes Sauerkraut auf dem Markt. Am besten sind Roh-Sauerkraut-Produkte ohne künstliche Zusätze. Diese kann man als zimmerwarme Beilage genießen oder etwas davon in Salate reinmachen.

Übrigens, so lange das Sauerkraut mit Flüssigkeit bedeckt ist, kann es nicht verderben. Wenn sich auf der Lake Schimmel oder Schaum bildet, schöpfen Sie ihn ab und dem Kohl darunter wird nichts passieren.

Blumenkohl: Die größte Blütenknospe ist ein schmackhaftes und zartes Gemüse. Auch roh ist Blumenkohl interessant, denn es schmeckt knackig nach Haselnuss. Roh und klein gehackt passt er in fast alle Salate.

Lauwarmer Blumenkohl-, Rosenkohl- oder Brokkoli-Salat: Lauwarmes, knapp gegartes Gemüse mit Essig, Olivenöl, Salz und eventuell wenig Pfeffer würzen, vorsichtig vermengen und kurz ziehen lassen. Reste am nächsten Tag nachwürzen.

Grünkohl/Federkohl Chips (für 4 Personen etwa 300 g)
Kohlblätter in Chipgrösse zupfen, dabei harte Rippen entfernen. Waschen und in Salatschleuder trocknen. In eine grosse Schüssel geben. Von Hand mit Olivenöl und einer kleinen Prise Salz gut vermengen (wer mag, kann auch noch etwas Curry, Kurkuma, wenig Paprika, Chili- und Knoblauchpulver, Muskat oder Pfeffer reinmischen). Die Blätter nebeneinander auf ein mit Backpapier ausgelegtes Blech verteilen (sollten locker verteilt werden, allenfalls 2 Ofengänge machen). In den auf 150°C vorgeheizten Ofen etwa 15 Minuten in der Mitte des Ofens backen, eventuell das Gemüse zwischendurch durchmischen. Die Blätter sollten knusprig und leicht braun sein. Vorsicht: sie verbrennen schnell!

Die Blätter des Stangenselleries oder der Brennnessel können übrigens auf die gleiche Art zu Chips verarbeitet werden.

Grünkohl/Federkohl als Salat: Harte Stiele entfernen und die Blätter schräg in dünne Streifen schneiden. Mit Olivenöl, Zitronensaft und Salz mit den Händen vermengen, bis die Blätter etwas weich werden. Mit Zwiebelringen, Avocadowürfelchen und Kürbiskernen garnieren.

Grünkohl/Federkohl als Beilage: Harte Stiele entfernen und die Blätter klein schneiden. In etwas Olivenöl andünsten, etwas Gemüsebrühe angießen und zugedeckt weich garen. 1 Knoblauchzehe dazu pressen und bei Bedarf mit Salz und Pfeffer abschmecken.

Kohlrabi: Auch roh als Snack, als Salat grob geraspelt (mit Zitronensaft oder Essig, Olivenöl und Salz ziehen lassen) oder Fingerfood (mit oder ohne Dip) wird er gerne verzehrt. Das Karotin und viele Mineralien sind in den Blättern viel höher als in der Knolle. Die frischen Blätter können fein geschnitten in einen Salat beigemischt, als Kräuter in Salatdressings verwendet werden oder auf eine Suppe gestreut werden. Ein wahrer Schmaus sind ausgehöhlte und vorgegarte Kohlrabi mit gebratenem Hackfleisch oder Lachs gefüllt.

Einfache Kohlrabisuppe für 4 Personen: 800 g Kohlrabi schälen und grob schneiden. 2 Schalotten grob hacken und in 1 Esslöffel Butter oder etwas Ghee andünsten. Kohlrabistücke etwa 5 Minuten mitdünsten. 7 dl Gemüsebrühe angießen, aufkochen und Gemüse bei mittlerer Hitze zugedeckt weich garen. 1 Kohlrabiblatt beigeben, alles pürieren und abschmecken und 1 Kohlrabiblatt fein schneiden und pürierte Suppe damit bestreuen.

Als Gemüse bzw. Gemüsesalat: Kohlrabi schälen und in etwa 1 cm breite Stäbchen schneiden. Im Steamer/Dampf garen und mit Salz und Pfeffer würzen. Für einen lauwarmen Kohlrabisalat noch etwas Essig und Olivenöl beigeben und vorsichtig vermengen.
Variation: Kohlrabistäbchen (mit 1 klein gehackten Zwiebel) in wenig Butter oder Ghee andünsten, wenig Gemüsebrühe zugeben und bei mittlerer Hitze zugedeckt weich garen. Mit 1 fein geschnittenem Kohlrabiblatt oder glatter Petersilie bestreuen. Auch in Kombination mit Süßkartoffelstäbchen top (in diesem Fall besser Zwiebel weglassen).

Rosenkohl à l'Orange: Den Strunkansatz von 500 g Rosenkohl-Rosetten etwas kürzen, diesen kreuzweise einschneiden und die vergilbten oder braunen Blätter abnehmen. Offen in wenig siedendem Wasser Salzwasser knapp weich garen. Abseihen (evtl. kalt abspülen, auf diese Weise behalten die Röschen ihre Farbe). In einer Pfanne Saft und abgeriebene Schale einer unbehandelten Orange in 2 Esslöffel Butter wärmen. Röschen darin drehen, leicht salzen und pfeffern.

Rosenkohl an Speckwürfeln: Weich garen wie oben beschrieben. Je 1 Zwiebel und Knoblauchzehe fein hacken und in 2 Esslöffel Butter oder etwas Ghee andünsten. 50 g Speckwürfelchen und Rosenkohl mitdünsten. Mit Salz und Pfeffer abschmecken. Kurz ziehen lassen.
Variation mit Maronen: Rosenkohl weich garen. Speckwürfel oder -streifen in 2 Esslöffel Butter andünsten. Aus der Pfanne nehmen. 100 g Maronen (geschält und gekocht) halbieren und in derselben Pfanne etwa 5 Minuten andünsten. Alles vorsichtig miteinander vermengen und mit Salz und Pfeffer abschmecken.

Gebratener Rosenkohl: Für alle, die die unangenehm nach Kohl riechenden weichen Kugeln nicht mögen, ist gebratener Rosenkohl ideal: 500 g Rosenkohl rüsten und halbieren. Mit der Schnittfläche nach unten in etwas Butter oder Ghee zugedeckt bei kleiner Hitze goldbraun braten. Mit Salz, Pfeffer, wenig Muskatnuss und – wer mag – mit einem Schuss Essig oder Weißwein würzen.

Gebratener Rosenkohl mit Schalotten und getrockneten Cranberries: 500 g Rosenkohl rüsten und halbieren. 2 Schalotten halbieren und in dünne Halbringe schneiden. Diese in etwas Olivenöl kurz andünsten. Halbierte Rosenkohl-Rosetten dazugeben und mitdünsten. Cranberries dazu geben und mit 1 dl Wasser oder Brühe ablöschen. Mit etwas Salz und Pfeffer würzen. Rosenkohl bei mittlerer Hitze zugedeckt bissfest garen.
Tipp: Gegen den Schluss der Garzeit eine Handvoll Mandelstäbchen mit garen oder das fertige Gemüse mit gerösteten Mandelstäbchen oder -blättchen garnieren.

Wirsing/Wirz: Mit Wirsing lässt sich viel Köstliches herstellen. Er kann auf vielerlei Weise gefüllt werden, z.B. mit Hackfleisch, Schinkenwürfeln oder Pilze. Eine leckere Beilage ist das langsame goldbraune Anbraten der Wirsingblätter in Olivenöl und anschließendem Weiterkochen in wenig Gemüsebrühe. Wer mag, kann eine gehackte Zwiebel mit anbraten.

Wirsing mit Mandeln: Wirsing vierteln, harten Strunkansatz und grobe Rippen entfernen und grob zerkleinern. In 3 Esslöffel Öl anbraten. Würzen, wenig Brühe angießen und zugedeckt bei mittlerer Hitze 15 bis 20 Minuten weich garen. Inzwischen 1 Knoblauchzehe in Scheiben schneiden, ein paar Rosmarinnadeln zerzupfen und mit einer Handvoll Mandeln in der Butter braten bis Mandeln leicht bräunlich sind. Wirsing dazu geben und alles vorsichtig vermengen.

Kann auch mal roh, fein geraspelt und gut mariniert als Salat serviert oder in Salate reingemacht werden.

Lagerung: Kohl im Gemüsefach des Kühlschranks aufbewahren, allerdings gibt es große Unterschiede bezüglich Haltbarkeit. Während Blumenkohl oder Brokkoli nur sehr kurz haltbar sind, kann Weißkohl längere Zeit aufbewahrt werden.

BLUMENKOHL ORIENTALISCHE ART

2 Personen

- 1 Blumenkohl
- Salz
- 2 Eier
- 1 Knoblauchzehe
- 1 EL Petersilie, glatt
- Pfeffer
- 5 bis 6 EL Oliven- oder
- 3 bis 4 EL Kokosöl

Vor- und Zubereitung: 20 Minuten

1 Blumenkohl vom Strunkansatz befreien und Röschen mit etwas Salz im Steamer/Dampf oder wenig Salzwasser und etwas Zitronensaft knapp weich garen.

2 Inzwischen Eier in einen tiefen Teller aufschlagen und verquirlen. Knoblauch und Petersilie fein hacken und mit etwas Pfeffer unter die Eier mischen.

3 Blumenkohlstücke in die Eimasse tauchen und mit zwei Gabeln wenden. Im Öl goldgelb braten.

Tipp: Passt gut als Beilage zu Huhn und Frikadellen.

Variation: Anstatt Blumenkohl gegarte Kohlrabischeiben verwenden.

GRÜNKOHL-MINESTRONE

4 Personen

1 Zwiebel
4 Knoblauchzehen
1 Karotte
2 Süßkartoffeln
1 Stange Sellerie
1,1 L Hühner- oder Gemüsebrühe
300 g Grünkohl/Federkohl
wenig Thymian und Salbei, frisch oder getrocknet
Salz
Pfeffer

Vor- und Zubereitung: 40 Minuten

1 Zwiebel und Knoblauch separat fein hacken. Karotte und Süßkartoffeln schälen und mit Sellerie ohne Grün grob schneiden.
2 1 dl Brühe aufkochen und gehackte Zwiebel bei mittlerer Hitze 5 Minuten darin offen köcheln lassen. Gehackter Knoblauch zugeben und 1 Minute weiter köcheln lassen.
3 Restliche Brühe, Karotten- und Selleriestücke beifügen und aufkochen. Hitze reduzieren und 5 Minuten offen weiter köcheln lassen. Geschnittene Süßkartoffel zugeben und nochmals 15 Minuten offen weiter köcheln.
4 Inzwischen Grünkohl von den Rippen befreien und in dünne Streifen schneiden. Beifügen und 5 Minuten mit garen. Kräuter untermischen und würzen. Kann vor dem Servieren auch püriert werden.

Tipp: Vor dem Servieren einen Schuss Olivenöl darüber träufeln.

SUPPE UND SPATZ / SIEDFLEISCHSUPPE

Vor- und Zubereitung: 35 Minuten
Sieden: 1 ½ Stunden

1 Ungeschälte Zwiebel mit Lorbeer und Nelken bestecken. Mit 1,5 Liter Wasser aufkochen.
2 Siedfleischwürfel und 1 Esslöffel Salz zugeben. Bei schwacher Hitze zugedeckt etwa 1 ½ Stunden sieden. Besteckte Zwiebel entfernen.
3 Inzwischen Karotte und Knollensellerie schälen, grobfasrige Teile beim Lauch entfernen. Mit Wirsing und Selleriestange ohne Grün zerkleinern. Gemüse und eventuell noch etwas Salz beifügen und bei schwacher Hitze zugedeckt weich garen.
4 Abschmecken mit wenig Paprika und Pfeffer. Anrichten. Kräuter klein schneiden und Suppe bestreuen.

4 Personen

1 Zwiebel
1 Lorbeerblatt
2 Nelken
500 g Siedfleisch, in Würfel
Salz
1 Karotte
1 Knollensellerie, klein
1 Lauchstange
1 Wirsing, klein
1 Selleriestange
Paprikapulver, süß
Pfeffer
2 EL Kräuter (Petersilie und/oder Schnittlauch)

WEISSKOHL-GARNELEN-SALAT „ASIAN STYLE“

2 Personen

½ Weißkohl, klein
1 Karotte, groß
6 Radieschen
200 g große Garnelen (mit Schwanzsegment), gekocht und geschält
1 Handvoll Cashewnüsse
1 Handvoll Sprossen (beliebige Sorte)
5 bis 6 Koriander- oder glatte Petersilienblätter
Salz

Sauce:
1 Zitrone, unbehandelt
¼ Chilischote, frisch
1 Stück Ingwer, daumengross
1 TL Sesam
1 EL Olivenöl

Vor- und Zubereitung: 20 Minuten

1 Für die Sauce Zitronenschale abreiben (nur gelber Teil) und Saft pressen. Chili entkernen und fein hacken. Ingwer schälen und fein reiben. Mit Sesam und Olivenöl verfeinern.
2 Kohl halbieren, Strunkansatz entfernen und Blätter des halben Kohls in feine Streifen schneiden. Karotte schälen und grob raspeln. Radieschen in dünne Scheiben schneiden.
3 Garnelen kalt abbrausen, mit Küchenpapier abtupfen.
4 Alle Zutaten mit den Nüssen, Sprossen und Kräuterblättern in die vorbereitete Sauce geben und vermengen. Würzen und kurz ziehen lassen.

Tipps: Doppelte Menge zubereiten und als Hauptspeise servieren.
Reste von rohem Weißkohl am nächsten Tag als Beilage zu Fleisch oder Fisch verwenden z.B. als warme Gemüsebeilage (siehe Einleitung Kohl) oder als Salat: Blätter in feine Streifen schneiden und mit Zitronensaft (nicht Essig), Olivenöl und Salz würzen und etwas ziehen lassen.

PASTINAKE

Die Pastinake ist eine der ältesten Gemüsesorten und war schon den Römern bekannt. Da sie winterhart ist, kann sie auch in der kalten Jahreszeit laufend frisch geerntet werden, vorausgesetzt, der Boden ist nicht durchgefroren. Sie sieht der Petersilienwurzel zum Verwechseln ähnlich, gehört in die gleiche Familie wie die Karotte und der Sellerie, ist jedoch wegen ihres hohen Stärkegehaltes mehliger als die Karotte und dezenter im Geschmack als ein Sellerie. Ein ganz eigenständiges Gemüse eben. Darum bringt sie auch in die moderne Küche geschmackliche Abwechslung und ist sehr vielseitig einsetzbar für Schmorgerichte, Suppen, Pürées oder als Gemüse. Da die Pastinake bei Frost die Stärke in Zucker umwandelt und immer süßer wird, wird sie sogar für Süßspeisen eingesetzt.

Ofenfrites: Pastinaken schälen und in Stängel schneiden, in einer Schüssel mit wenig Olivenöl, Salz und Pfeffer mischen, auf ein mit Backpapier ausgelegtes Blech legen und im vorgeheizten Ofen (180 – 200°C) etwa 15 bis 30 Minuten backen, bis sie gar und knusprig sind.

Gebratene Pastinaken: Schälen, würfeln und in Bratfett mit etwas Salz und ein paar Rosmarinnadeln ganz langsam goldgelb braten. Zwischendurch immer wieder wenden.

Lagerung: Wie Karotten mögen Pastinaken kein Plastik. Ungewaschen ins Gemüsefach des Kühlschrank geben und ein leicht feuchtes Tuch darüber legen, damit sie nicht austrocknen oder in Frischhaltedosen aufbewahren.

2 Personen

PASTINAKEN-SOUFFLÉE Sehr exklusiv!

700 g Pastinaken (ca. 3 bis 4 Stück)
4 Eier
40 g Butter, zimmerwarm
1 EL Kokosmilch
1 Prise Salz
wenig Pfeffer
1 EL Ghee (oder Butter, zimmerwarm)

Vor- und Zubereitung: 40 Minuten
Backofen vorheizen: 180°C
Backen: 23 bis 25 Minuten (Mitte Backofen)

1 Pastinaken schälen, klein schneiden und weich kochen (ca. 20 Minuten; im Steamer/Dampf oder in wenig Wasser). Wasser abgießen und Pastinaken durch das Passe-Vite drehen/die Kartoffelpresse drücken.
2 Eier trennen, Eigelb zu Pastinakenpürée geben und Eiweiße in eine große Rührschale auffangen und kühl stellen. Butter, Kokosmilch, Salz und Pfeffer ebenfalls zum Pürée geben und mit einer Gabel alles gut vermengen.
3 Eiweiße steif schlagen und sorgfältig unterziehen (nicht rühren), bis eine luftige Masse entsteht.
4 6 bis 7 ofenfeste Förmchen (à je 1,5 dl) mit Ghee (oder Butter) einfetten und die Pastinaken-Masse bis etwa einen Finger breit unter den oberen Rand einfüllen. Im Ofen goldbraun backen. **Achtung:** Backofen während der gesamten Garzeit nie öffnen, sonst fällt das Soufflée zusammen.
5 Ränder mit einem Messer oder Esslöffel lösen, die einzelnen Soufflées mit einem Esslöffel aus den Förmchen heben. Lauwarm servieren.

Tipps: Soufflées eignen sich als Beilage zu Fleisch und Fisch, können als Hauptgang mit einem Saisonsalat serviert werden oder sogar als Nachspeise mit etwas flüssigem Honig obendrauf.
Eignen sich zum Mitnehmen (kalt) und können tiefgekühlt werden.

SCHWARZWURZEL

Sie gehört zu unseren wertvollsten Gemüsen – voller Schutz- und Heilstoffe. Man nennt sie auch „Winterspargel" oder „Spargel des kleinen Mannes", ihr Geschmack ist fein, aber ihr Biss etwas fester als der von Spargel.

Sie kann roh in Salaten untergemischt oder als gekochtes Gemüse serviert werden. Da sich die Stangen nach dem Schälen schnell verfärben, sollten sie gleich in eine Schüssel mit Wasser und Zitronensaft oder ins kochende Zitronen-Wasser gegeben werden.

Mit ihrer dunklen Schale sieht sie auf den ersten Blick nicht sehr attraktiv aus, aber da täuscht man sich. Nach dem Schälen erscheint ein schneeweißes Gemüse, was wirklich dann dem Spargel ähnelt. In Sachen Geschmack braucht sich die Schwarzwurzel überhaupt nicht zu verstecken. Sie hat ein feines und würziges Aroma. Die Schwarzwurzel passt sowohl zu Fleisch als auch zu Fisch, also ein Allrounder der Gemüsebeilagen.

Tipps zum Rüsten: Schwarzwurzeln enthalten in den Milchröhren einen äußerst klebrigen Milchsaft. Darum empfiehlt es sich, beim Rüsten roher Schwarzwurzeln Gummihandschuhe zu tragen und die Wurzeln unter laufendem Wasser zu schälen. Die geschälten Wurzeln in Zitronen- oder Essigwasser legen, damit sie nicht braun werden.

Viel einfacher geht das Rüsten jedoch, wenn Sie die Schwarzwurzeln waschen und vor dem Schälen schwellen (entweder der Pfannengröße entsprechend brechen oder schneiden und mit Wasser überdeckt aufkochen und knapp weich garen). Abseihen und Haut abziehen. Schwarzwurzeln können auch im Dampfkochtopf gegart werden. Die Haut löst sich dann relativ leicht (evtl. unter fließendem Wasser) und der Milchsaft stört nicht mehr.

Zu geschwellten und gewürzten Schwarzwurzeln passen alle Saucen, die man üblicherweise zu Spargeln reicht: Zerlassene Butter, leckere „Sauce Hollandaise" (im Frühlingskapitel drin) oder in einer Sauce schwenken aus: gehackter glatten Petersilie, einer gepressten Knoblauchzehe und wenig Salz in Olivenöl angedünstet.

Lagerung: Im Gemüsefach des Kühlschranks.

SCHWARZWURZEL-SALAT

2 Personen

200 bis 300 g Schwarzwurzeln
100 g Feldsalat

Sauce:
3 bis 4 EL Essig
3 bis 4 EL Olivenöl
wenig Senf
wenig Salz und Pfeffer
1 bis 2 EL Sesamsamen

Vor- und Zubereitung: 30 Minuten

1. Schwarzwurzeln waschen, der Pfannengröße entsprechend brechen oder schneiden und mit Wasser überdeckt aufkochen und knapp weich garen.
2. Abseihen und Haut abziehen. In 3 bis 5 cm lange Stücke schneiden und in Salatschüssel geben.
3. Inzwischen die Zutaten für die Sauce verrühren. Mit den warmen Schwarzwurzeln vermengen.
4. Sesam ohne Fettzugabe rösten. Feldsalat in Teller anrichten, Schwarzwurzeln und Sesam darüber verteilen.

SÜSSKARTOFFELN

Süßkartoffeln stammen aus Südamerika und sind prall gefüllt mit Nähr- und Vitalstoffen, hochwertigen Ballaststoffen und Antioxidantien. Süßkartoffeln sind zwar Knollen, haben mit unseren traditionellen Kartoffeln aber sonst nichts gemeinsam, da sie zu einer anderen botanischen Familie gehören.

Süßkartoffel enthalten mehr Kohlenhydrate als das normale Gemüse.

Lagerung: Aufgrund des hohen Wassergehaltes kann man diese Knolle nicht so lange lagern. Auf keinen Fall in den Kühlschrank stellen, sondern bei Zimmertemperatur an einem dunklen Ort lagern.

Süsskartoffel-Frites: Sind bei Familien mit Kindern sehr beliebt. Dazu Süßkartoffeln schälen, in Stängel schneiden und mit Rosmarinnadeln im Öl anbraten. Mit Salz und Pfeffer würzen und unter ständigem Wenden knusprig braten.

SÜSSKARTOFFEL-TORTILLA

2 Personen

3 Süßkartoffeln
4 Zwiebeln, groß
3 EL Kokosöl
Salz und Pfeffer
6 Eier

Vor- und Zubereitung: 40 Minuten

1 Süßkartoffeln schälen und in 1,5 cm große Würfel, Zwiebeln in dicke Ringe schneiden. Öl in Bratpfanne (Durchmesser 24 cm) erhitzen. Süßkartoffelwürfel andünsten. Zwiebelringe zugeben und bei starker Hitze unter ständigem Rühren 5 Minuten braten. Mit Salz und wenig Pfeffer würzen. Süßkartoffeln zugedeckt bei mittlerer Hitze knapp weich garen.

2 Eier mit wenig Salz verquirlen. Eimasse zugeben. Bei schwacher Hitze zugedeckt stocken lassen, bis die Masse fest ist. Dabei Pfanne mehrmals hin und her bewegen. Wenn sich die Tortilla löst (mit Kochlöffel zuerst vom Pfannenrand lösen) Hitze erhöhen. Kurz braun braten (durch leichtes Anheben feststellen), auf einen flachen Teller oder flachen großen Deckel gleiten lassen, wenden und die zweite Seite braten. Außen sollte die Tortilla leicht gebräunt sein, aber innen noch feucht. Lauwarm servieren.

Tipps: Schmeckt auch kalt (mit etwas Gemüse oder Salat). Eignet sich gut zum Mitnehmen.

SÜSSKARTOFFEL-GRATIN

2 Personen

Vor- und Zubereitung: 10 Minuten
Backofen vorheizen: 200°C
Backen: etwa 15 bis 20 Minuten (Mitte Backofen)

3 bis 4 Süßkartoffeln
1 TL Butter, weich
3 bis 4 Knoblauchzehen
etwas Kokosmilch
wenig Muskatnuss
Salz und Pfeffer

1 Süßkartoffeln schälen und in etwa 3 mm breite Scheiben schneiden. Kleine Gratinform mit Butter einfetten. 1 Knoblauch pressen und mit einer Gabel auf den Boden der Form verteilen.
2 Eine Lage Süßkartoffelscheiben reinlegen, leicht salzen, und nochmals 1 Knoblauch pressen und darauf verteilen. Mit wenig Kokosmilch beträufeln. Nochmals eine Lage Süßkartoffelscheiben darauflegen, leicht salzen, 1 Knoblauch pressen und darauf verteilen. Mit wenig Kokosmilch beträufeln, usw.
3 Die letzte Lage Süßkartoffelscheiben mit wenig Muskatnuss, Salz und Pfeffer würzen. Nochmals etwas Kokosmilch darauf träufeln. Im Ofen backen bis Süßkartoffeln gar sind. Falls die Kartoffeln austrocknen, zusätzliche Kokosmilch angießen.

PÜRÉE REZEPTE

Bei Pürée oder Stampf handelt es sich um einen Brei der aus Gemüse zubereitet wird. Sie sind eine beliebte Beilage und lässt der Phantasie des Kochs viel Raum in Bezug auf die Gemüseauswahl und auch der Verfeinerung des Stampfs. Dazu können Sie Gewürze, frische Kräuter oder auch Fette wie Olivenöl oder Butter verwenden. Für manche Pürée-Liebhaber spielen sie in der kulinarischen Welt durchaus eine Hauptrolle. Mit Brühe verdünnt, können Sie aus dem Pürée schnell und einfach eine schmackhafte Suppe kochen.

Neben klassischen Gemüsepürees aus Kürbis, Kohlrabi oder Süßkartoffeln bringt ein würziger Pastinaken-, Petersilienwurzel- und Blumenkohl-Stampf Abwechslung auf den Teller. Es ist auch interessant, verschiedene Gemüsesorten zu mischen. Ausprobieren lohnt sich. Das Grundrezept besteht aus gedämpftem Gemüse, etwas Kokosmilch, zimmerwarme Butter oder Olivenöl, Salz, Pfeffer und Muskat.

Wir stellen Ihnen hier ein paar Varianten vor (Rezepte sind jeweils für 2 Personen berechnet):

Blumenkohl-Stampf: 1 Blumenkohl (800 – 900 g) in Röschen teilen und mit 4 geschälten Knoblauchzehen im Dampf/Steamer oder in wenig Wasser weich garen. 2,5 dl Kokosmilch, ungesüßt, mit einer Prise Muskatnuss, Salz und Pfeffer aufkochen. Weichen Knoblauch zugeben und mit Gabel leicht zerdrücken. Etwa 5 Minuten offen köcheln lassen. Blumenkohl mit Kokosmilch vermengen, gut pürieren und Blumenkohlpürée nochmals abschmecken.

Süsskartoffel-Stampf: 4 Süßkartoffeln schälen und würfeln. Im Steamer/Dampf weich garen. Durch das Passe-Vite drehen/die Kartoffelpresse drücken oder mit dem Kartoffelstampfer zerdrücken. 2 Esslöffel zimmerwarme Butter und etwas Kokosmilch unterrühren. Mit Salz, Pfeffer, wenig Muskatpulver oder Curry und ein paar Tropfen Zitronensaft oder nach Belieben würzen.

Aber auch ein **Mus aus Auberginen** passt immer gut zu einem Fleisch- oder Fisch-Gericht: 3 bis 4 Auberginen schälen und grob würfeln. Im Olivenöl kurz andünsten. Eventuell wenig zusätzliches Olivenöl zugeben (Auberginen müssen nicht ganz glasig sein, denn sie saugen das Öl zuerst auf und geben einen Teil wieder ab). Mit Salz und einer Prise Chilipulver abschmecken. Hitze reduzieren und zugedeckt köcheln bis das Auberginenfleisch sehr weich ist. Mit Kartoffelstampfer oder Gabel zerdrücken. Wer mag, kann am Schluss eine Knoblauchzehe dazu pressen.
Eine andere Variante finden Sie im Herbstkapitel unter „Steinpilz-Auberginen-Pürée Florentiner Art“.

KALBSBRATEN JOLE

4 Personen

Vor- und Zubereitung: 15 Minuten
Fleisch 1 Stunde vor dem Braten aus dem Kühlschrank nehmen
Schmoren: 1 ½ Stunden

1,5 kg Kalbsbraten (z.B. Nierstück oder Schulter)
2 EL Oliven-, Kokosöl oder
1 EL Ghee
5 bis 6 Karotten
1 Zwiebel
5 dl Rinds- oder Gemüsebrühe
Salz
2 bis 4 EL Kokosmilch
Pfeffer

1. Braten von allen Seiten inkl. Enden im Bratfett anbraten. Karotten schälen und in Scheiben schneiden. Zwiebel schälen und vierteln. Beides zugeben und kurz mit braten.
2. Brühe angießen und Fleisch zugedeckt bei schwacher Hitze schmoren, ab und zu wenden. Nach etwa 1 Stunde mit Salz abschmecken.
3. Flüssigkeit mit der Hälfte der Karottenscheiben und der Zwiebelstücke pürieren. Fleisch tranchieren und mit der Sauce zu den restlichen Karottenscheiben zurück in die Bratpfanne geben. Kokosmilch unterrühren. Mit Pfeffer verfeinern.

Tipps: Wenn man die Sauce etwas binden möchte, kann man mit den Karottenscheiben und Zwiebelstücken 1 Esslöffel Kartoffel- oder Pfeilwurzelmehl anbraten.
Am Vortag zubereiten und ungeschnittenes Fleisch kühl stellen. Das Fleisch lässt sich besser schneiden, wenn es kalt ist.
Reste einfrieren.

Variation: Schweinebraten (Hals) oder Rinderbraten verwenden. Beim Rindfleisch muss man mit ca. 2 Std. Schmorzeit rechnen.

KALBSRAGOUT MIT GEMÜSE

3 bis 4 Personen

8 Salbeiblätter
2 EL Kokosöl oder Ghee
800 g Kalbsragout (Kalbsvoressen)
1 Zwiebel
1 Knoblauchzehe
2 dl Rinds- oder Gemüsebrühe
4 EL passierte Tomaten
½ TL Salz
wenig Pfeffer

Vor- und Zubereitung: 15 Minuten
Fleisch 30 Minuten vor dem Braten aus dem Kühlschrank nehmen
Schmoren: 1 ½ Stunden

1 Salbei im Bratfett braten. Fleisch mit Küchenpapier abtupfen und rundum anbraten.
2 Inzwischen Zwiebel fein hacken und Knoblauchzehe pressen. Beides kurz mitdünsten. Brühe angießen, passierte Tomaten, Salz und Pfeffer zugeben.
3 Bei schwacher Hitze zugedeckt schmoren.

Variationen: Fest kochendes Gemüse wie Karotten und Süßkartoffeln können mit gebraten und gegart werden. Weiche Sorten wie Zucchini und Cherrytomaten etwa 20 Minuten vor Ende der Garzeit zugeben.
Am Schluss eine Handvoll Spinat untermischen.

Tipp: Reste können tiefgekühlt werden.

KUTTELN

4 Personen

Vor- und Zubereitung: 15 Minuten
Schmoren: 40 Minuten

1 Zwiebel
2 EL Olivenöl
1 kg Kutteln, gekocht, in Streifen geschnitten
Salz
0,5 dl Rinder- oder Gemüsebrühe
350 g passierte Tomaten
Pfeffer
Kreuzkümmel (optional)

1. Zwiebel fein hacken und im Olivenöl andünsten.
2. Kutteln kalt abbrausen, abtropfen und zugeben. Mit wenig Salz würzen, Brühe angießen und aufkochen.
3. Passierte Tomaten angießen und mit Salz und wenig Pfeffer abschmecken. Bei kleiner Hitze zugedeckt schmoren lassen bis Kutteln zart sind. Eventuell noch etwas Kreuzkümmel untermischen.

Tipp: Reste können tiefgekühlt werden.

LAMMKOTELETT MIT ZITRONEN-PETERSILIEN-STEUSEL

2 Personen

6 Lammkoteletten mit Knochen
2 EL Oliven- oder Kokosöl
Salz
Pfeffer gemischt aus Mühle

Marinade:
1 Zitrone, unbehandelt
2 Knoblauchzehen
3 EL Olivenöl

Zitronen-Petersilien-Streusel:
3 EL Petersilie, glatt
Salz

Vor- und Zubereitung: 30 Minuten
Marinieren: etwa 2 Stunden
Fleisch 30 Minuten vor dem Braten aus dem Kühlschrank nehmen

1. Koteletten mit Küchenpapier abtupfen.
2. Für die Marinade die Schale der Zitrone abreiben (nur gelber Teil) und Saft pressen. Knoblauch dazu pressen und Olivenöl unterrühren. Koteletten mit etwas Marinade beträufeln und mit Pinsel einstreichen. Zugedeckt im Kühlschrank marinieren. Restliche Marinade beiseite stellen.
3. Für den Zitronen-Petersilien-Streusel Petersilie fein hacken, mit restlicher Marinade vermengen und mit wenig Salz würzen.
4. Koteletten aus der Marinade heben und mit Küchenpapier abtupfen. Erste Seite im Öl anbraten (etwa 2 bis 4 Minuten). Erst wenden, wenn sie sich gut vom Pfannenboden lösen lassen. Hitze reduzieren, gebratene Seite würzen. Zweite Seite bei mittlerer Hitze fertig braten (ebenfalls etwa 2 bis 4 Minuten, sollten innen noch rosa sein, aber nicht blutig). Auf Teller anrichten und Zitronen-Petersilien-Streusel darauf verteilen.

Beilagen-Tipp: Krautstiel-Salat. Wasser aufkochen, Krautstielblätter garen, abseihen, etwas zerkleinern und mit Zitronensaft, Olivenöl, Salz und Pfeffer würzen. Lauwarm oder kalt servieren.

SCHWEINEBRUSTSPITZ AN TOMATENSAUCE

2 Personen

4 Stück Schweinebrustspitz
6 EL Oliven- oder Kokosöl
1 Zwiebel
1 Knoblauchzehe
Salz
4 Basilikumblätter
700 g passierte Tomaten
Pfeffer und 1 Msp. Cayenne-pfeffer

Vor- und Zubereitung: 10 Minuten
Fleisch 30 Minuten vor dem Braten aus dem Kühlschrank nehmen
Köcheln lassen: 2 Stunden

1 Brustspitz im Öl anbraten. Zwiebel fein hacken und zugeben. Knoblauch dazu pressen. Mit Salz würzen.
2 Basilikum und passierte Tomaten beifügen. Mit Salz, wenig Pfeffer und Cayennepfeffer abschmecken. Aufkochen.
3 Hitze reduzieren und bei kleiner Hitze zugedeckt 2 Stunden köcheln lassen.

Beilagen-Tipp: Krautstiel-Gemüse. Stiele längs halbieren und quer in Streifen schneiden. In etwas Öl mit 1 bis 2 gepressten Knoblauchzehen andünsten. Zugedeckt weich garen und würzen. Wer mag, kann es mit gerösteten Pinienkernen bestreuen.

SEETEUFEL AUF TOMATENBETT

2 Personen

400 g Seeteufelfilet (in Stücken)
2 EL Oliven- oder Kokosöl
Salz und Pfeffer
2 Basilikumblätter
4 schwarze Oliven, entsteint

Tomatenbett:
1 Zwiebel, klein
1 Knoblauchzehe
1 Selleriestange, klein
1 gelbe Paprikaschote
2 EL Oliven- oder Kokosöl
1 Zitrone, unbehandelt
3 Tomaten, groß
1 Prise Chilipulver
Salz und Pfeffer

Vor- und Zubereitung: 30 Minuten

1 Für das Tomatenbett Zwiebel fein hacken. Knoblauch und Sellerie ohne Grün in dünne Scheiben schneiden. Paprika entkernen, Stielansatz und weiße Rippen entfernen und klein würfeln. Gemüse im Öl andünsten.
2 Wenig Zitronenschale abreiben (nur gelber Teil) und mit 4 Esslöffel Wasser zugeben. Bei mittlerer Hitze 2 Minuten offen köcheln lassen.
3 Tomaten halbieren, Stielansatz entfernen, Tomate entkernen und Fruchtfleisch würfeln. Beifügen. Mit wenig Chili, Salz und Pfeffer abschmecken und Gemüse bei mittlerer Hitze 10 Minuten offen köcheln lassen. Auf Teller anrichten.
4 Inzwischen Fisch kalt abbrausen, mit Küchenpapier abtupfen. Im Öl braten. Mit Salz und Pfeffer würzen. Auf warmem Tomatenbett anrichten.
5 Oliven und Basilikum grob schneiden und darüber streuen.

Variation: Anstatt Seeteufel Flunder oder Rotzungenfilets verwenden.

Menü für Weihnachten oder Neujahr

4 Personen

ROASTBEEF DESSA

Spezielle Marinade für butterzartes Fleisch / Niedergaren

Vor- und Zubereitung: 15 Minuten
Marinieren: über Nacht
Fleisch 2 bis 3 Stunden vor dem Braten aus dem Kühlschrank nehmen
Backofen und Teller vorheizen: 80°C
Niedergaren: 1 ¼ bis 1 ½ Stunden (Mitte Ofen)

1,2 kg Roastbeef

2 EL Butter oder 1 EL Ghee

Marinade:

15 Piment-Körner

Pfeffer gemischt aus Mühle

Salz

½ dl Olivenöl

1 Für die Marinade Piment im Mörser zerstoßen, viel Pfeffer drauf mahlen und mit Salz und Olivenöl mischen.
2 Fleisch mit Küchenpapier abtupfen und mit Marinade gut einstreichen. Zugedeckt über Nacht im Kühlschrank marinieren. Zwei bis drei Stunden vor dem Anbraten aus dem Kühlschrank nehmen.
3 Mariniertes Fleisch in der Butter etwa 4 Minuten pro Seite (d.h. insgesamt etwa 8 Minuten) anbraten. Auf den warmen Ofenrost legen, Fleischthermometer an dickster Stelle einstecken und Fleisch offen nieder garen (Kerntemperatur des Fleisches sollte zwischen 55 und höchstens 60°C betragen, kann bei 60°C noch 1 Stunde warm gehalten werden). Unter den Braten eine ofenfeste Form legen (evtl. mit klein geschnittenem und gewürztem Gemüse drin) um den austretenden Fleischsaft aufzufangen.

Tipps: Etwas zimmerwarme „Café-de-Paris-Butter“ oder „Béarnaise-Sauce“ zum Fleisch servieren.
Falls das Fleisch etwas dicker sein sollte und es zu lange dauert, kann man die Temperatur des Ofens auf 100 °C erhöhen (keine Qualitätseinbuße).

CAFÉ-DE-PARIS-BUTTER

100 g Butter, weich
wenig Petersilie, klein geschnitten
wenig Schnittlauch, klein geschnitten
½ Knoblauchzehe, gepresst
1 Eigelb
½ TL Zitronensaft
1 Msp. Currypulver, mild
1 Msp. Cayennepfeffer
½ TL Salz wenig Pfeffer

Alle Zutaten mit einer Gabel vermengen. In Klarsichtfolie einwickeln und zu einer Rolle formen. Im Tiefkühler fest werden lassen oder portionenweise in Eiswürfelschalen oder Mini-Gugelhöpfli-Formen füllen und mindestens 30 Minuten einfrieren lassen. **Tipp:** Sie sollte zuerst Raumtemperatur annehmen, bevor sie zu nieder gegartem Fleisch serviert wird.

BÉARNAISE-SAUCE

Vor- und Zubereitung: 20 Minuten
Eier 1/2 Stunde vorher aus Kühlschrank nehmen

- 1 Schalotte
- 4 Pfefferkörner, weiß
- 1 dl Brühe (Fleisch oder Gemüse)
- 1 EL Essig
- 2 Estragonzweige
- 100 g Butter, kalt
- 2 Eigelbe, zimmerwarm
- Salz

1 Schalotte grob hacken, Pfeffer im Mörser zerstoßen. Mit Brühe, Essig und einem Estragonzweig aufkochen. Offen auf etwa 2 Esslöffel einkochen lassen. Reduktion in eine dünnwandige Schüssel (aus Metall) abseihen, auskühlen.

2 Inzwischen Wasser in einer hohen Bratpfanne bis etwa zur Hälfte des Randes angießen, bis knapp unter dem Siedepunkt erhitzen. Butter in etwa 2 cm große Quadrate schneiden. Blätter des zweiten Estragonzweiges fein hacken.

3 Eigelbe zur Reduktion geben und Schüssel ins Wasser rein stellen (diese sollte den Pfannenboden nicht berühren). Die Masse etwa 2 bis 3 Minuten rühren bis diese etwas heller und steifer geworden ist. Butter portionenweise zugeben und nach jeder Portion gut verrühren, dabei das Wasser die ganze Zeit im Auge behalten, so dass die Temperatur unter dem Siedepunkt bleibt (Wasser sollte sich nur leicht bewegen und es sollten kleine Blasen aufsteigen).

4 Gehackte Estragonblätter unterrühren und mit wenig Salz würzen. Sauce aus dem Wasser nehmen und kurz zu einer luftigen, cremigen Béarnaise-Sauce weiterrühren. Rest kann im Wasserbad (Bratpfanne von der Wärmequelle nehmen) noch eine Weile warm gehalten werden.

FRUCHT-BAISER-TORTE

Tortenboden:

4 Eier

1 Vanilleschote

40 g Honig

40 g Kokosmehl

3 EL Stärke (z.B. Kartoffelmehl, Pfeilwurzelmehl)

½ TL Backpulver (z.B. Weinstein)

1 EL Kokosöl (oder Butter für die Form)

2 EL Kokosmehl (für die Form)

250 g Stachelbeeren (oder Johannisbeeren oder andere Beeren und Früchte)

Baiserhaube:

3 Eiweiße*

3 EL Honig

Vor- und Zubereitung Tortenboden: 20 Minuten
Ofen vorheizen: 180°C
Backen: 25 Minuten (Mitte Ofen)

1. Eier trennen und das Eiweiß auf höchster Stufe sehr steif schlagen.
2. Vanilleschote längs halbieren, Mark herauskratzen. Mit Honig, Kokosmehl, Stärke und Backpulver zu einer trockenen Zutat verrühren.
3. Das Eigelb zum Eiweiß in die Küchenmaschine geben und 1 Minute weiter kräftig schlagen.
4. Jetzt die Küchenmaschine auf halbe Kraft herunter regeln und nach und nach die trockene Zutat in die Masse rühren.
5. Eine Kuchenform mit Kokosöl (Butter) einfetten, darauf das Kokosmehl gleichmäßig streuen (seitlich gegen die Form klopfen, bis es verteilt ist) und den Teig einfüllen. Ebenfalls durch Klopfen der Form gleichmäßig verteilen.
6. Von den Stachelbeeren den Stielansatz und den kleinen „Dorn“ abschneiden und die Beeren halbieren. Gleichmäßig auf den Teig verteilen. Im Ofen backen.

Vor- und Zubereitung Baiserhaube: 5 Minuten
Backen: etwa 5 Minuten (Oberhitze)

1. Die Eiweiße in der Küchenmaschine sehr steif schlagen (die Schüssel vorher gut mit Wasser spülen).
2. Den Honig zum Eiweiß geben und 1 Minute kräftig weiter schlagen.
3. Den heißen Tortenboden aus dem Ofen nehmen und die Baisermasse gleichmäßig darauf verteilen.
4. Den Ofen auf Oberhitze einstellen und den Kuchen wieder hineinstellen.

5 Den Kuchen etwa 5 Minuten weiter backen. Dabei die Oberfläche beobachten: Sobald sie anfängt, sich braun zu verfärben ist der Kuchen fertig.

Variation: Für diese Torte kann man jede Frucht nehmen. Die Stachelbeeren sorgen mit ihrer feinen Säure für Abwechslung am Kaffeetisch, während Johannisbeeren durch den Kontrast zwischen ihrem Rot und dem Weiß des Baisers auffallen.

* das übrig gebliebene Eigelb kann für eine Sauce Béarnaise oder Hollandaise, in Suppen oder Soßen oder am nächsten Tag zum Frühstück zu Rührei verarbeitet werden.

ORANGEN-DESSERT

2 Personen

2 süße Orangen
2 Pfefferminzblätter
½ TL Zimtpulver
1 TL Zitronensaft
2 EL Walnuss- oder Olivenöl
1 EL Honig, flüssig
1 EL Pistazien
1 Granatapfel (optional)

Vor- und Zubereitung: 20 Minuten

1 Orangen schälen und würfeln oder filetieren.
2 Minze zerzupfen. Zimt, Zitronensaft, Öl und Honig beifügen. Alles vermengen und anrichten.
3 Pistazien grob hacken. Granatapfel halbieren und Kerne auslöffeln. Beides darüber streuen.

Variation: Anstatt Pistazien etwas Kokosraspel oder Kokos-Chips darüber streuen.

SCHOKO-DATTEL-PRALINÉES

ca. 14 Pralinées

Vor- und Zubereitung: 15 Minuten

150 bis 200 g Datteln, getrocknet und entsteint (z.B. Medjool)
200 g Pekannüsse
150 g Mandeln, gemahlen
2 EL Kakaopulver, ungesüßt
Kokosmilch (nach Bedarf)
Kokosraspel (nach Bedarf)

1 Datteln und Nüsse fein mixen. Gemahlenen Mandeln und Kakaopulver dazu geben. Kokosmilch nach Bedarf angießen. Alles gut vermengen bis ein kompakter, etwas feuchter „Teig" entsteht, welcher gut klebt und sich formen lässt.

2 Mit einem Esslöffel Teigmasse raus heben und zu Bällchen formen. In Kokosraspel wenden. Anschließend im Kühlschrank aufbewahren, bis sie serviert werden.

SÜSSKARTOFFEL-DESSERT

2 Personen

1 große Süßkartoffel
1 EL Sesam
1 EL Honig, flüssig
1 EL Zitronensaft

Vor- und Zubereitung: 5 Minuten
Ofen vorheizen: 200°C
Backen: 35 bis 40 Minuten (Mitte Ofen)

1 Süßkartoffel auf den heißen Ofenrost legen und weich backen.
2 Inzwischen Sesam ohne Fettzugabe rösten, abkühlen lassen. Mit Honig und Zitronensaft vermengen.
3 Warme Süßkartoffeln schälen und in Würfel schneiden. Vorsichtig in Sesam-Honig-Zitronensaft-Sauce wenden. Warm oder kalt servieren.

Variationen: Warme Süßkartoffeln ungeschält halbieren und öffnen, Sesam-Honig-Zitronensaft-Sauce in die Mitte rein giessen. Wer lieber eine Creme mag, kann die geschälten Süßkartoffeln mit einer Gabel zerdrücken und anschließend mit Sesam, Honig und Zitronensaft gut vermengen.

Schlusswort: KREIEREN SIE IHRE EIGENEN REZEPTE

Wir hoffen, dass dieses Kochbuch sie ein wenig inspiriert hat, die Paleo-Küche dem natürlichen Rhythmus der Jahreszeiten entsprechend zu genießen und dass Sie möglichst viele neue Lieblingsrezepte darin gefunden haben.

Uns hat das Schreiben viel Spaß gemacht und wir hoffen, Sie konnten diese Freude an immer neuen gesunden und schmackhaften Rezepten nachvollziehen. Vielleicht entdecken Sie auch Ihre eigene Freude beim Erfinden neuer Rezepte? Oder vielleicht suchen Sie auch nach Wegen, „einfach zu kochen", ganz ohne Rezept, aber mit ein wenig System? Hierfür haben wir für Sie zwei einfache „Rezept-Baukästen" entwickelt:

Konventionelle Rezepte zu Paleo-Rezepten umbauen

Die meisten Rezepte lassen sich leicht zu Paleo-tauglichen Rezepten umschreiben. Damit das gelingt, empfehlen wir folgende Tipps:

- Getreidemehl wird in Rezepten entweder als Grundlage für Gebäck verwendet, bei dem es einen Großteil der Masse darstellt, oder zum Binden von Saucen, Gebäck oder anderen Speisen, indem es durch seinen Stärke-Anteil und durch die Kleberwirkung des Glutens Stabilität verleiht. Bei Gebäck geht es meistens um die Kombination aus beidem. Es kann daher in den meisten Rezepten durch die gleiche Menge Mandel- oder Nussmehl ersetzt werden. Da diese Mehle jedoch eine weniger starke Bindefähigkeit haben, empfiehlt es sich, ein zusätzliches Ei bei Backrezepten zu verwenden und gegebenenfalls mit ein paar Esslöffeln Kartoffelmehl, Pfeilwurzelmehl oder einer anderen Stärke nachzuhelfen, die nicht auf Getreide basiert.
- Nudeln sind überall beliebt aber weil sie aus Getreide bestehen sind sie auch problematisch. Zum Glück lassen sie sich ganz einfach durch Karotten, Zucchini oder

andere Gemüsesorten ersetzen, die man mit einem Gemüsetwister oder Julienne-Schneider in feine Streifen schneidet.

- Die meisten Rezepte verwenden konventionelle Pflanzenöle zum Braten oder als Fettquelle. Die meisten Pflanzenöle sind wegen des hohen Gehaltes an Omega-6-Fettsäuren und wegen ihrer industriellen Herstellungsmethoden problematisch. In der Paleo-Ernährung kann man sie sehr gut durch Kokosöl, Ghee, Butterschmalz oder in der kalten Küche durch Olivenöl und Butter ersetzen. Diese Alternativen stellen für den menschlichen Körper sehr viel gesündere und auch schmackhaftere Fett-Quellen dar.
- Getreideprodukte und Hülsenfrüchte, die als Beilagen gereicht werden kann man fast immer durch grünes Gemüse oder Knollen ersetzen. Dabei gewinnt das Gericht nicht nur mehr Geschmack, sondern auch viel mehr Mikronährstoffe.
- Zucker ist aus vielen Gründen problematisch und eine Diskussion hierzu füllt ganze Bücher. In fast allen Rezepten kann man den Zucker problemlos durch die halbe Menge Honig ersetzen. Man sollte auch versuchen, seinen eigenen Geschmackssinn schrittweise vom Zucker zu entwöhnen, indem man Zucker (z.B. im Kaffee oder der Marmeladensorte) schrittweise reduziert oder etwa den Kakaoanteil in Schokolade nach und nach erhöht. Die meisten Menschen entdecken dabei neue Aromen und genießen Kaffee, Schokolade & Co. viel bewusster. Und: Wenn etwas ohne Zucker nicht schmeckt, warum sollte man es überhaupt erst essen?
- Milch und Milchprodukte können Sie meistens durch Kokosmilch ersetzen. Wenn Sie sie gut vertragen, dann können Butter oder Sahne auch sinnvolle Ausnahmen sein, da darin das problematische Milcheiweiß und der Laktose-Anteil sehr gering sind.
- Schließlich sind Ihrer Phantasie keine Grenzen gesetzt: Experimentieren Sie! Mit der Zeit werden Sie von alleine ein Gefühl dafür entwickeln, welche Rolle die Zutaten gespielt haben, die Sie in der Paleo-Ernährung lieber vermeiden möchten und durch welche anderen Zutaten Sie sie ersetzen können.

Keine Zeit und es fehlt das passende Rezept? Improvisieren Sie!

Manchmal möchte man nur schnell was zu Mittag kochen. Oder das Geld ist knapp und die Auswahl klein. Dann kann man mit diesem einfachen System trotzdem etwas Leckeres auf den Tisch zaubern:

1. **Nehmen Sie eine Protein-Quelle**: Das kann ein Stück Fleisch (oder Hackfleisch, Innereien etc.), Huhn, Pute, Thunfisch im Glas, Eier (Rühr- oder Spiegelei, Omelette), eine Tranche (frischer oder tiefgekühlter) Fisch aus Wildfang oder Meeresfrüchte sein.

2. **Suchen Sie zwei Gemüse-/Salatsorten als Beilage aus, die Sie roh und/oder gekocht zubereiten**: Am besten eignen sich saisongerechte Gemüse- oder Salatsorten, die Sie mit Pilzen, Kräutern, Wildpflanzen (evtl. Löwenzahn oder Brennnesseln von Ihrem Garten?), Sprossen, Nüssen, Kerne, Samen oder gerösteten Kokosflocken aufpeppen. Zwiebeln und Knoblauch passen immer.

3. **Verwenden Sie reichlich gutes Fett**: Braten Sie in Kokosöl, Ghee oder Butterschmalz und verwenden Sie Olivenöl und Butter in der kalten Küche. Ein paar Avocado-Schnitze und/oder Oliven dazu sättigen noch länger.

4. **Würzen Sie**: Mit Curry, Kurkuma, Ingwer, Paprika, Chili (frisch, in Pulverform oder Pasten), frischen oder getrockneten Kräutern oder Gewürzmischungen, selbst gemachter Mayonnaise, Tomatenpaste, glutenfreier Sojasauce (Tamari) oder einfach mit Kokosmilch.

Nach diesem Schema haben wir schon unzählige Mahlzeiten bestritten. Und es ist auch ein probates Rezept, um aus den Zutaten (oder Resten) etwas zu kochen, die sowieso im Haus sind. Mit diesen Tipps, etwas Übung und einem Blick für die Zutaten finden Sie sicher unzählige Kombinationsmöglichkeiten. Und übrigens: Die besten Gerichte sind oft auch die einfachsten. In diesem Sinne wünschen wir Ihnen: Guten Appetit!

SPORT

Warum Krafttraining wichtig ist für uns

Egal für welche Sportart oder welches Ziel (allgemeine Fitness, schlanker sein, sich fitter fühlen und weniger anfällig auf Krankheiten sein usw.) und welche Altersgruppe: Krafttraining hilft jedem, sich besser zu fühlen und seinen Körperfettanteil zu senken.

Ohne eine starke Muskulatur kann sich ein Sportler in seiner Disziplin kaum verbessern, aber auch ein Hobbysportler, welcher nur seine persönliche Bestleistung etwas nach oben verbessern will, profitiert von Krafttraining massiv. Auch Menschen ohne sportliche Ambitionen oder Ziele, rekonvaleszente Personen und ältere Leute profitieren davon, wenn sie ihre Muskeln regelmäßig aktiv beanspruchen.

Das Nervensystem wird durch Gewichte stemmen reguliert, die Funktion des Herz-Kreislaufsystems verbessert sich und der Blutzuckerspiegel wird ebenfalls stabilisiert, was z.B. dazu führt, dass überflüssige Rundungen minimiert werden und man sich allgemein fitter fühlt und weniger anfällig für Krankheiten ist. Denn je mehr Muskelmasse ein Körper hat, desto größer ist sein Grundumsatz* und umso mehr Fett wird (sogar im Ruhezustand) verbrannt.

Ein starker Muskelapparat eines Körpers ist zudem auch stabiler, was z.B. weniger Rückenschmerzen bedeuten kann; gestärkte Muskeln haben aber auch den Vorteil, dass eine Regeneration nach Verletzungen den Muskelaufbau und -zuwachs schneller fördert.

Wie erreiche ich das? Reicht Training mit eigenem Körpergewicht aus? Muss ich auch Ausdauersport machen? Was bringt mir den schnellsten, aber auch nachhaltigsten Erfolg? Ganz klar Krafttraining und zwar für Männer und Frauen. Und keine Angst liebe Leserinnen, es geht hier nicht darum, wie ein Bodybuilder auszusehen. Eine Frau hat

* Der Grundumsatz ist jene Energiemenge, die der Körper in absoluter Ruhe, mit leerem Magen und bei einer Umgebungstemperatur von 28°C benötigt, um alle Körperfunktionen aufrecht zu erhalten.

einerseits weniger Testosteron und zudem weniger fast twitch Muskelfasern im Körper, was es erschwert, schnell ersichtliche Muskelberge zu produzieren. Der Körper einer Frau wird durch Krafttraining straffer, geformter und auch stärker. Aber oft kann sie dann eine Kleidergröße kleiner tragen, was bei Männern eher gegenteilig der Fall ist. Mit Krafttraining kann man sehr spezifisch trainieren und Reize setzen, was beim Training mit eigenem Körpergewicht oder im Freien nicht möglich ist. Man kann gezielt Parameter verändern, um den gewünschten Effekt (z. B. mehr Kraft oder Muskelaufbau) zu erreichen.

Auch Ausdauersportler profitieren von Krafttraining: Sie sind länger im Stande, ein hohes Tempo stabil zu halten oder noch einen Schlussspurt hinlegen zu können. Sie können schneller reagieren und sind dabei stabiler. Zudem regenerieren sie sich nach einer intensiven Trainingseinheit oder einem Wettkampf besser.

Unserer Erfahrung nach ist die beste Möglichkeit um konstanten Fortschritt erzielen zu können, einem strukturierten und periodisierten Trainingsplan mit richtig gewähltem Zusatzgewicht zu folgen. Das heißt regelmäßig die Anzahl Sätze, Wiederholungen, Tempo der Ausführungen und Pausen zu variieren. Die Intensität des Trainings spielt eine ebenso wichtige Rolle. Man kann aber nicht jahrein-jahraus mit der gleich hohen Intensität trainieren. Ab und zu braucht der Körper ein etwas weniger intensives Training (deload), sprich ein kürzeres Training, um nicht überfordert zu werden oder gar in ein Übertraining zu gelangen, was den konstanten Fortschritt beeinträchtigen würde.

Die Übungen

Die erste Wahl und „Königin" aller Übungen ist die **Kniebeuge**. Keine andere Übung hat so viel Einfluss auf den ganzen Körper. Sie verbessert den Hormonhaushalt, vergrößert den Muskelzuwachs im gesamten Muskelapparat und hilft der Körperfettreduktion.

Ich habe die 2 häufigsten Kniebeugen-Varianten zum Erläutern ausgewählt. Die erste mit Fersen erhöht, was vor allem einem Einsteiger, dessen Beweglichkeit im Sprunggelenk noch nicht so gut ist, erlaubt, tief in die Hocke zu gehen und dabei aufrechter zu bleiben, was den Rücken entlastet. Zudem wird so der Vastus medialis, ein Teil des Beinstreckers, stark beansprucht, was eine bessere Kniestabilität mit sich bringt, die bei vielen Bewegungen im Alltag, wie z.B. Treppensteigen, sehr wichtig ist. Ohne die Fersen zu erhöhen, wird die hintere Kette (Beinbizeps, Gesäß und Rückenstrecker) mehr beansprucht, was vor allem für Sprinter und Sportarten, die eine hohe Sprungkraft erfordern, von Nutzen ist.

Für Anfänger ist die Kniebeuge oft schon ohne Zusatzgewicht eine Herausforderung, vor allem wenn sie richtig ausgeführt wird. So wie wir als Kinder immer gespielt haben: Die Oberschenkelrückseite bedeckt die Wade komplett, der Rücken bleibt aufrecht und die Knie werden über die Zehenspitzen möglichst weit nach vorne geschoben. Diese tiefe Position wird oft als schädlich bezeichnet, obwohl das Gegenteil der Fall ist.

Nur beim vollen Bewegungsradius kann durch die Kniebeuge auch Muskel- und Kraftzuwachs erzielt werden. Zudem werden bei dem großen Bewegungsumfang gleichzeitig viele Muskeln gedehnt, welche durch das viele Sitzen komplett verkürzt sind. Ebenso wird der oben erwähnte Kniestabilisator Vastus Medialis Obliquus erst komplett in den tiefsten 15° der Kniebeuge rekrutiert und hat darum einen wichtigen Anteil an der Kniegesundheit.

- 6 Sätze à 6 Wiederholungen / 180 Sekunden Pause nach jedem Satz.
- 5 Sekunden nach unten / keine Pause / 1 Sekunde nach oben / keine Pause sondern gleich wieder runter.

Leg curl: Bei dieser Übung wird die hintere Oberschenkelmuskulatur trainiert, welche zusammen mit der Kniebeuge ein optimales Duo für Kniestabilität bildet. Wie der Name der Übung schon sagt, hat die hintere Oberschenkelmuskulatur die Aufgabe das Knie zu beugen, aber auch die Hüfte zu strecken.

Wichtig ist auch hier, dass der Bewegungsradius voll ausgenützt und von der kompletten Kniebeugung (Rolle berührt Po) zur totalen Kniestreckung trainiert wird. Leg curl kann im Liegen, Knien oder Stehen ausgeführt werden. Als weitere Variationen dienen Fußstellung (einwärts, auswärts, neutral) oder einbeinig sowie beidbeinige Ausführung.

- 4 Sätze à 6 bis 8 Wiederholungen / 90 Sekunden Pause nach jedem Satz.
- 5 Sekunden nach unten / keine Pause / 1 Sekunde nach oben / keine Pause sondern gleich wieder runter.

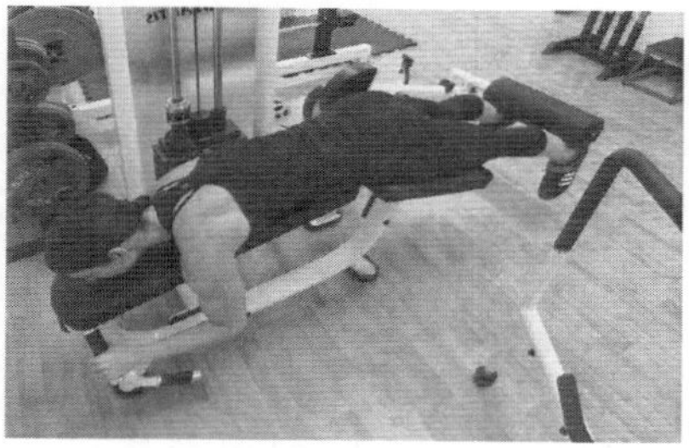

45° Backextension mit Kurzhantel: Wenn Sie Ihre hintere Kette (Beinbeuger, Gesäß und Rückenstrecker) trainieren wollen, ist diese Übung die richtige Wahl. Gerade für ein korrektes Ausführen von Kniebeugen oder Kreuzheben ist es wichtig, eine starke Rückseitenmuskulatur zu haben. Aber auch weil wir oft den ganzen Tag sitzen und weder Rücken, Gesäß oder Beinrückseite stark beanspruchen. Ein weiterer Vorteil dieser Übung ist, dass sie einen direkten Einfluss auf andere Muskelgruppen hat, sodass zum Beispiel bei einem Überkopfdrücken profitiert werden kann.

Wichtig ist bei dieser Übung, dass sie mit Zusatzgewicht ausgeführt wird. Mit einer Kurzhantel vor der Brust, Pause in der obersten Position, Langhantel mit gestreckten Armen vor dem Körper halten usw. gibt es viele effektive Möglichkeiten, diese Übung variativ und zielgerecht zu gestalten, ohne ein Plateau zu erreichen.

- 4 Sätze à 8 bis 12 Wiederholungen / 90 Sekunden Pause nach jedem Satz.
- 3 Sekunden nach unten / keine Pause / 1 Sekunde nach oben / 1 Sekunde oben halten.

Klimmzüge: Die Übung, welche die meisten Muskeln im Oberkörper für die Ausführung benötigt. Richtig ausgeführt, bringt sie den Trainierenden effizient weiter in Richtung Ziel, den Oberkörper zu stärken.

Wichtig ist dabei die Ausführung: Aus der kompletten Streckung des Ellbogengelenks in der hängenden Position hochziehen, über den ganzen Bewegungsumfang, bis das Kinn über der Stange ist. Langsames Ablassen und regelmäßige Variation des Griffes sind entscheidende Faktoren für konstanten Fortschritt. Wenn ein Klimmzug am Anfang noch nicht komplett oder nur mit Hilfe ausgeführt werden kann, ist der „negative Klimmzug", also ein Hochspringen (oder sich mit Hilfe hochziehen) und langsames gleichmässiges Ablassen (Ziel: 30 Sekunden durchhalten), eine Start-Variante. Sobald die 30 Sekunden mit eigenem Körpergewicht gut machbar sind, sollte Zusatzgewicht verwenden werden, welches in Form einer Hantel zwischen die Beine geklemmt oder mit einer Gewichtsscheibe am Gewichtsgürtel erreicht werden kann. Wenn ca. 10 % Zusatzgewicht vom eigenen Körpergewicht in 30 Sekunden ablassen möglich ist, sollte ein „positiver Klimmzug" machbar sein.

- 5 Sätze à 1 bis 3 Wiederholungen / 2 Minuten Pause nach jedem Satz (so früh wie möglich Zusatzgewicht verwenden).
- 5 Sekunden nach unten / keine Pause / 1 Sekunde nach oben / keine Pause sondern gleich wieder runter.

45° Schrägbankdrücken Kurzhantel neutral: Eine der bekanntesten und beliebtesten Übungen in der Bodybuilding- und Fitness-Szene. Richtig ausgeführt hat sie einen großen Effekt auf Brust-, vordere Schulter- und Oberarmmuskulatur (vor allem die Rückseite). Beim Ausführen erfolgt eine Schulter- und Ellbogengelenks- (im obersten Drittel) Streckung. Richtig gemacht ist sie, wenn in der untersten Position eine Dehnung in der Brust spürbar ist und in der obersten gestreckten Armposition die Schulterblätter die Bank nicht „verlassen". Auch hier gibt es unzählige Optionen mit Griffpositionen, Tempovariationen usw.

- 5 Sätze à 6 bis 8 Wiederholungen / 90 Sekunden Pause nach jedem Satz.
- 5 Sekunden nach unten / keine Pause / 1 Sekunde nach oben / keine Pause sondern gleich wieder runter.

Rudern zum Hals: Nackenschmerzen, verursacht z.B. durch Fehlhaltung im Alltag am Schreibtisch, können mit dieser Übung entgegengewirkt werden. Auch ist sie eine wichtige Gegenübung zum Bankdrücken, um das Gleichgewicht zwischen Brust und oberer Rückenmuskulatur beizubehalten. Wichtig ist, dass die Ellbogen nach hinten oben geführt werden, um eine Schulterblatt Retraktion gewährleisten zu können. Zudem hilft diese Übung, wenn beim Klimmzug das Hinziehen an die Stange (zuoberst) ein Problem darstellt.

- 4 Sätze à 8 bis 12 Wiederholungen / 90 Sekunden Pause nach jedem Satz.
- 1 Sekunde nach hinten / 1 Sekunde Pause / 3 Sekunden nach vorne (Arme ausstrecken) / keine Pause vorne.

KH Aussenrotation sitzend mit Ellbogen auf dem Knie: Die Schulter ist im Krafttraining das Gelenk, welches, falls von einer schwachen Muskulatur umgeben, oft verletzt wird oder eine große Dysbalance aller beteiligten Muskeln aufweist. Warum? Übungen, bei denen die Schultern nach innen rotieren, wie zum Beispiel das Bankdrücken werden oft ausgeführt, dabei aber die gegenteilige Bewegung viel zu oft vernachlässigt. Der subscapularis (Unterschulterblattmuskel) ist ein Innenrotator, welcher zusammen mit den Aussenrotatoren supraspinatus, infraspinatus und teres minor die Rotatorenmanschette bildet. Er hat die Aufgabe, den Oberarmknochen in der Gelenkpfanne zu halten. Darum ist diese Übung, zusammen mit dem Rudern zum Hals, welche die Rhomboiden und den unteren Anteil des Kapuzenmuskels trainiert, welche die Schulterblätter nach hinten runter ziehen, die perfekte Kombination für gesunde, gut ausbalancierte Schultern.

- 4 Sätze à 10 bis 12 Wiederholungen / 90 Sekunden Pause nach jedem Satz.
- 3 Sekunden nach unten / keine Pause / 1 Sekunde nach oben / keine Pause sondern gleich wieder runter.

KH Schrägbank Hammercurls 60°: Curls sind nicht nur für Männer, welche einen großen Bizepsmuskel möchten eine wichtige Übung. Auch Frauen profitieren davon, wenn sie diese Muskulatur regelmäßig trainieren. Hammercurls, welche mit einem neutralen Griff ausgeführt werden, sind wichtig, wenn z. B. beim Klimmzug das erste Drittel ein Problem darstellt, bei dem der Arm aus der kompletten Streckung gebeugt werden muss. Schwache Ellbogenbeugermuskeln sind oft **der** limitierende Faktor für Fortschritt bei Klimmzügen. Aber auch bei Sprintern oder Kampfsportlern darf das Training der Bizepsmuskulatur nicht fehlen. Es gibt viele Varianten Curls auszuführen. Bei der hier vorgestellten Variante wird die Hantel langsam bis zur vollständigen Streckung des Armes durch kurzes Anspannen der Trizepsmuskulatur abgelassen (rekrutiert die Ellbogenbeuger) und dann, ohne das Ellbogengelenk nach vorne zu führen, wieder hoch gebracht.

- 3 Sätze à 6 bis 8 Wiederholungen / 90 Sekunden Pause nach jedem Satz.
- 4 Sekunden nach unten / keine Pause / 1 Sekunde nach oben / keine Pause sondern gleich wieder runter.

Wie in der Einleitung bereits erläutert, ist konstanter Fortschritt für Muskelaufbau nur mit Zusatzgewicht möglich. Falls aber die nötigen Hilfsmittel mal nicht verfügbar sind (Ferien, in der Natur, auf Reisen usw.) haben wir hier ein paar Körperübungen zusammengestellt, welche als Übergangslösung angesehen werden können oder ganz zu Beginn (für Anfänger oder nach Verletzungen) auch schon eine gewisse Wirkung erzielen können:

Kniebeuge: Gleiche Ausführung wie weiter vorne mit Zusatzgewicht beschrieben.

Ausfallschritt statisch: Gerade bei stark verkürzter Muskulatur in den Beinen und wenn eine Kniebeuge ein Problem darstellt, ist der Splitsquat, wo der vordere Fuß erhöht ist, eine gute Variante. Je verkürzter die Muskulatur, desto höher muss der Gegenstand, auf welchem der vordere Fuß steht, sein. Bei der Ausführung wird das vordere Knie möglichst weit über die Zehenspitzen geführt, ohne dass sich die Ferse des vorderen Fußes vom Gegenstand (oder später vom Boden) abhebt. Das hintere Bein sollte, je nach Flexibilität, nur leicht gebeugt sein. Auch nach Verletzungen oder wenn eine große Dysbalance zwischen den Beinen besteht, ist diese Übung gut geeignet um Beine, Hüfte und den Rumpf zu trainieren.

Step up: Diese Übung kann als Variante der Kniebeuge ausgeführt werden und ist ohne Zusatzgewicht, je nach Höhe, die es hochzusteigen gilt, auch im Freien (auf einem Stein, einer Parkbank usw.) gut geeignet. Bei der Ausführung ist es wichtig, darauf zu achten, dass die ganze Arbeit vom erhöhten Bein ausgeführt wird und man sich nicht durch Abstoßen mit dem hinteren Bein „hochmogelt". Dies kann verhindert werden, indem beim landenden Fuß die Zehen Richtung Schienbein gezogen werden (dorsiflexion), nur die Ferse den Boden berührt und das Knie des hinteren Beins möglichst gestreckt bleibt. Als Variation ist die Höhe des Gegenstandes, aber auch die Position, wie man dazu steht, variabel. Auch seitlich ausführbar.

Brett, Hover, Plank: Hier gilt es zu erwähnen, dass die besten Übungen, um eine starke Rumpfmuskulatur zu erlangen, olympisches Gewichtsheben, Kniebeugen und spezifische Bauchübungen mit Zusatzgewicht sind, also alles Übungen, welche mehrere Gelenke auf einmal beanspruchen. Da es in diesem Abschnitt um Übungen ohne Hilfsmittel geht, zeigen wir hier eine statische Variante, welche Rumpf-, Schulter- und die vordere Beinmuskulatur stärkt.

Links und Referenzen

[1] Nutrition and health in agriculturalists and hunter-gatherers, Dr. Michael Eades, *http://www.proteinpower.com/drmike/low-carb-diets/nutrition-and-health-in-agriculturalists-and-hunter-gatherers/*

[2] Age relations of cardiovascular risk factors in a traditional Melanesian society: the Kitava Study, Lindeberg S, Berntorp E, Nilsson-Ehle P, Terént A, Vessby B, *http://www.ncbi.nlm.nih.gov/pubmed/9322559*

[3] Marked Improvement in Carbohydrate and Lipid Metabolism in Diabetic Australian Aborigines After Temporary Reversion to Traditional Lifestyle, Kerin O'dea, *http://diabetes.diabetesjournals.org/content/33/6/596*

[4] Origins and evolution of the Western diet: health implications for the 21st century, Cordain L, Eaton SB, Sebastian A, Mann N, Lindeberg S, Watkins BA, O'Keefe JH, Brand-Miller J, *http://ajcn.nutrition.org/content/81/2/341.long*

[5] Cereal Grains: Humanity's Double-Edged Sword, Loren Cordain, *http://www.cnpp.usda.gov/publications/dietaryguidelines/2010/meeting2/commentattachments/thong-186doc.pdf*

[6] Do dietary lectins cause disease?, David L J Freed, *http://www.ncbi.nlm.nih.gov/pmc/articles/PMC1115436/*

[7] Acne vulgaris, Prof. Dr. B. Melnik, *http://link.springer.com/article/10.1007%2Fs00105-009-1831-0*

[8] Plant-animal subsistence ratios and macronutrient energy estimations in worldwide hunter-gatherer diets, Loren Cordain, Janette Brand Miller, S Boyd Eaton, Neil Mann, Susanne HA Holt, and John D Speth, *http://ajcn.nutrition.org/content/71/3/682.full*

[9] Potential role of sugar (fructose) in the epidemic of hypertension, obesity and the metabolic syndrome, diabetes, kidney disease, and cardiovascular disease, Johnson RJ, Segal MS, Sautin Y, Nakagawa T, Feig DI, Kang DH, Gersch MS, Benner S, Sánchez-Lozada LG, *http://www.ncbi.nlm.nih.gov/pubmed/17921363*

[10] The role of fructose in the pathogenesis of NAFLD and the metabolic syndrome, Lim JS, Mietus-Snyder M, Valente A, Schwarz JM, Lustig RH, *http://www.ncbi.nlm.nih.gov/pubmed/20368739*

[11] The importance of the ratio of omega-6/omega-3 essential fatty acids, Simopoulos AP, *http://www.ncbi.nlm.nih.gov/pubmed/12442909*

[12] Effect of feeding systems on omega-3 fatty acids, conjugated linoleic acid and trans fatty acids in Australian beef cuts: potential impact on human health, Ponnampalam EN1, Mann NJ, Sinclair AJ, *http://www.ncbi.nlm.nih.gov/pubmed/16500874*

[13] Siehe die Kategorie „Erfolge“ in Felix Olschewskis Blog Urgeschmack *http://www.urgeschmack.de/category/erfolgsgeschichten/* und die Erfolgsgeschichten im Blog Paleosophie, *http://blog.paleosophie.de/kategorien/erfolge/*, sowie die Buchbesprechung zu Alzheimer vorbeugen und behandeln, *http://blog.paleosophie.de/2014/01/30/buchtipp-alzheimer-vorbeugen-und-behandeln/*

[14] Ketogenic diet does not affect strength performance in elite artistic gymnasts, Antonio Paoli, Keith Grimaldi, Dominic D'Agostino, Lorenzo Cenci, Tatiana Moro, Antonino Bianco, and Antonio Palma, *http://www.ncbi.nlm.nih.gov/pmc/articles/PMC3411406/*

[15] How a low carb diet affected my athletic performance (Part 4), Dr. Peter Attia, *http://eatingacademy.com/how-a-low-carb-diet-affected-my-athletic-performance*

[16] Siehe die Kategorie Rezepte im Blog Paleosophie: *http://blog.paleosophie.de/kategorien/rezepte/*

[16] Siehe die Buchbesprechung: Das Urgeschmack Dessertbuch *http://blog.paleosophie.de/2012/09/13/buchtipp-das-urgeschmack-dessert-buch-mit-verlosung/*

[17] Greenpeace-Untersuchung zum Omega-3/Omega-6-Gehalt von Butter. Man beachte hier den Unterschied zwischen Bio-Produkten und konventionellen Marken, sowie die Vorteile der Marke Kerrygold, die nach eigenen Angaben ausschließlich Milch von Weidekühen verarbeitet, *http://www.greenpeace.de/files/greenpeace_butter_omega3_0.pdf*

Quellen

[18] Brainard GC, Hanifin JP, Greeson JM, Byrne B, Glickman G, Gerner E, Rollag MD: *Action spectrum for melatonin regulation in humans: evidence for a novel circadian photoreceptor*, J Neurosci, 2001

[19] Jörg Reichrath, Bodo Lehmann, Jörg Spitz: *Vitamin D* – Update 2012, 2012*

[20] Field S, Newton-Bishop JA: *Melanoma and vitamin D*, Mol Oncol, 2011

[21] Grimes DS, Hindle E, Dyer T: *Sunlight, cholesterol and coronary heart disease*, QJM, 1996

[22] Feelisch M, Kolb-Bachofen V, Liu D, Lundberg JO, Revelo LP, Suschek CV, Weller RB: *Is sunlight good for our heart?*, Eur Heart J, 2010

[23] Grant WB: *An estimate of the global reduction in mortality rates through doubling vitamin D levels*, Eur J Clin Nutr, 2011

[24] Lindqvist PG, Epstein E, Landin-Olsson M, Ingvar C, Nielsen K, Stenbeck M, Olsson H: *Avoidance of sun exposure is a risk factor for all-cause mortality: results from the Melanoma in Southern Sweden cohort*, J Intern Med, 2014

[25] Petersen B, Datta P, Philipsen PA, Wulf HC: *Sunscreen use and failures- on site observations on a sun-holiday*, Photochem Photobiol Sci, 2013

[26] Couteau C, Chauvet C, Paparis E, Coiffard L: *UV filters, ingredients with a recognized anti-inflammatory effect*, PLoS One, 2012

[27] Bernerd F, Vioux C, Lejeune F, Asselineau D: *The sun protection factor (SPF) inadequately defines broad spectrum photoprotection: demonstration using skin reconstructed in vitro exposed to UVA, UVBor UV-solar simulated radiation*, Eur J Dermatol

[28] Haywood R, Wardman P, Sanders R, Linge C: *Sunscreens inadequately protect against ultraviolet-A-induced free radicals in skin: implications for skin aging and melanoma?*, J Invest Dermatol, 2003

[29] Prof. Dr. L. Zastrow, N. Groth, F. Klein, D. Kockott, J. Lademann, L. Ferrero: UV, sichtbares Licht, Infrarot, Der Hautarzt, April 2009, Volume 60, Issue 4, pp 310-317 Kommentar [F3]: Am Schluss des Buches nehmen

[30] Xue C, Wu J, Lan F, Liu W, Yang X, Zeng F, Xu H: *Nano titanium dioxide induces the generation of ROS and potential damage in HaCaT cells under UVA irradiation*, J Nanosci Nanotechnol, 2010

[31] Boberg J, Taxvig C, Christiansen S, Hass U: *Possible endocrine disrupting effects of parabens and their metabolites*, Reprod Toxicol, 2010

[32] Schlumpf M, Kypke K, Wittassek M, Angerer J, Mascher H, Mascher D, Vökt C, Birchler M, Lichtensteiger W: *Exposure patterns of UV filters, fragrances, parabens, phthalates, organochlor pesticides, PBDEs, and PCBs in human milk: correlation of UV filters with use of cosmetics*, Chemosphere, 2010

[33] Caroline Stremnitzer: *The Roles of Urocanic Acid in the Response of Epidermal Cells to UVB*, Diplomarbeit, 2010

[34] Jablonski NG, Chaplin G: *The evolution of human skin coloration*, J Hum Evol, 2000

[35] Ziegler A, Jonason AS, Leffell DJ, Simon JA, Sharma HW, Kimmelman J, Remington L, Jacks T, Brash DE: *Sunburn and p53 in the onset of skin cancer*, Nature

[36] Lee J, Jiang S, Levine N, Watson RR: *Carotenoid supplementation reduces erythema in human skin after simulated solar radiation exposure*, Proc Soc Exp Biol Med, 2000

[37] Stahl W, Sies H: *Carotenoids and protection against solar UV radiation*, Skin Pharmacol Appl Skin Physiol

[38] Jantschitsch C, Majewski S, Maeda A, Schwarz T, Schwarz A: *Infrared radiation confers resistance to UV-induced apoptosis via reduction of DNA damage and upregulation of antiapoptotic proteins*, J Invest Dermatol, 2009

[39] Michael F. Holick Ph.D. M.D.: *The Vitamin D Solution: A 3-Step Strategy to Cure Our Most Common Health Problems*